Glasperlen fädeln

Meiner Mutter Elisabeth gewidmet

Damaris von der Heyden
Glasperlen fädeln

Bibliografische Information Der Deutschen Bibliothek:
Die Deutsche Bibliothek verzeichnet diese Publikation in
der Deutschen Nationalbibliografie;
detaillierte bibliografische Daten sind im Internet über
‹ http.//dnb.ddb.de › abrufbar.

Herstellung und Verlag: Books on Demand GmbH, Norderstedt

ISBN 978-3-8370-2542-2

Fotos, Grafiken, Layout, Covergestaltung: Dr. Damaris von der Heyden
Fototechnische Beratung, Bild- und Farbmanagement: Thomas Bitterle
Lektorat: Eva Maria Dietz

Inhaltsverzeichnis

Vorwort

Vor einigen Jahren entdeckte ich im Urlaub in einem der vielen kleinen Läden in den Gassen Venedigs die kleinen Glasperlen meiner Kindertage wieder. Erinnerungen wurden wach: an gefädelte Echsen und Blüten-kettchen, an bestickte Täschchen und Serviettenringe, an das Vergnügen beim Fädeln und Austüfteln von Mustern und Formen, an die damals äußerst erfolgreiche Produktion für den Pfadfinderbasar. Zaghaft erstand ich zwei Tütchen und fragte mich, ob ich sie wohl je verarbeiten würde. Doch zu Hause lockten die glitzernden Kügelchen schnell meine kreativen Energien aus der Reserve. Das erste „Collier" entstand, ein ungewöhnliches Schmuckstück, das sehr angenehm in der Hand und auf der Haut liegt und gleich ein passendes Armband im Gefolge hatte.

Schon während der Fädelei sah mein „inneres Auge" immer neue Möglichkeiten, Perlen in verschiedenen Farben zu Mustern und Ornamenten zu verbinden und Schmuckstücke in verschiedenen Stilrichtungen zu ent-werfen. Vorläufig stellte jedoch die Materialbeschaffung noch ein Problem dar. Denn die Verkäuferinnen der beiden Bastelgeschäfte am Ort sahen mich nur mit großen Augen an: „Glasperlen sind out. Die kauft doch keiner." Aus dem Lager kamen noch drei verstaubte Döschen zum Vorschein, die ich zum halben Preis erwarb.

Um so erstaunter war ich, als ich mich kurze Zeit später in den gleichen Läden vor neuen Regalen wiederfand: mannshoch prall gefüllt mit Glas-perlen aller Art. Mittlerweile liegen Glasperlen voll im Trend und ich kann mich meinem neuen alten Hobby ungebremst widmen. Es entstanden seither viele Ketten und Armbänder. So viele, dass ich sie seit einiger Zeit auch auf Märkten anbiete.
„Wie macht man das?" werde ich immer wieder gefragt. Und so habe ich mich entschlossen, mein „Know-how" in Form dieses Buches weiter-zugeben.

Möge Ihnen das Arbeiten mit Glasperlen ebenso viel Freude bereiten wie mir.

Damaris von der Heyden

Anleitung
Seite 38

Einführung

Alle Schmuckstücke in diesem Buch sind in der gleichen Technik gearbeitet. Ihre Vielfalt entsteht allein durch die Verwendung unterschiedlicher Perlen und ihre Anordnung in verschiedenen Farben und Größen.

Die Fädeltechnik ist nicht schwer: Mit Nadel und Faden fasst man die Perlen in einer bestimmten Reihenfolge auf. Dabei werden manche Perlen (die „Kreuzungsperlen") zweimal durchstochen.
In den Fädelschemata zu den vorgestellten Modellen (ab Seite 16) sehen Sie den Weg des Fadens durch die Perlen und wissen damit, in welcher Reihenfolge Sie die Perlen auffassen müssen. So ist das Nacharbeiten ganz einfach.

Und wenn Sie dann das Fädelfieber packt und Ihnen meine Modellvorschläge nicht mehr ausreichen, finden Sie auf den Seiten 51 und 52 leere Vorlagen, mit deren Hilfe Sie eigene Modelle entwerfen können.

Das wird benötigt

Zum Perlen fädeln braucht man nicht viel: ein wenig Platz, Perlen, Nadel und Faden und etwas Geduld...

Arbeitsplatz
Gute Beleuchtung und angenehme Arbeitshöhe sind selbstverständlich. Darüber hinaus leistet ein Stück Stoff mit gröberer Webstruktur (z.B. ein Geschirrtuch) gute Dienste. Werden die Perlen in kleinen Portionen auf das Tuch geschüttet, können sie mit der Nadel gut aufgenommen werden und springen nicht so leicht weg. Findet das Tuch seinen Platz auf einem Brettchen oder größeren Buch, kann eine angefangene Arbeit leicht beiseite gestellt werden, wenn Sie sie unterbrechen.

Perlen
Glasperlen gibt es in vielen Farben, Formen und Größen und verschiedene Händler haben oft ein ganz unterschiedliches Sortiment, so dass es lohnen kann, sich etwas umzusehen. Außer im Bastelgeschäft erhält man Glasperlen übrigens auch in Kaufhäusern, speziellen Perlenläden, (deren Adressen man z.B. im Internet ausfindig machen kann) und sogar in manchen Baumärkten. Auf den Döschen oder Tüten steht „Rocailles" oder „Indianerperlen", und auch als „Stickperlen" oder „Saatperlen" werden sie angeboten, wobei alle Begriffe synonym verwendet werden. Leider ist auch die nähere Beschreibung der Perlen meiner Erfahrung nach alles andere als einheitlich: Was beispielsweise der eine Anbieter als „irisierend" bezeichnet, heißt beim zweiten „gelüstert", beim dritten steht ohnehin nur eine Farbe drauf oder vielleicht auch gar nichts, und wieder ein anderer meint mit „gelüstert" etwas ganz anderes.

Daher sollten Sie sich beim Kauf der Perlen für die von mir vorgestellten Schmuckstücke auf Ihre Augen verlassen, um möglichst die gleichen oder doch ähnliche Perlen zu erhalten. Denn die Verwendung anderer Perlen oder auch Farben verändert die Wirkung des Schmuckstückes zum Teil ganz erheblich. Auch die Größenangaben auf den Packungen haben oft mehr symbolischen Charakter. Meine Angaben bei den Modellen sind daher nur als grobe Anhaltspunkte zu verstehen.

Grundsätzlich gilt: Je kleiner die Perlen, desto feiner wird die Fädelei. Je größer die Perlen, desto schneller und leichter geht sie von der Hand. Übrigens ist für eine angenehme Verarbeitung der Perlen die Größe des Lochs entscheidender als die der Perlen selbst, so dass es ratsam ist, beim Kauf auch hierauf zu achten. Größere Perlen haben nämlich nicht immer auch die größeren Löcher und umgekehrt.

Die meisten der hier vorgestellten Ketten und Armbänder sind aus kleinen, runden Perlen von ca. 2,1-2,6 mm Durchmesser gefertigt.

Bei einigen Modellen kommen zusätzlich auch größere „Indianerperlen" mit ca. 4,5 mm sowie „Glasschliffperlen" mit 4 mm Durchmesser zum Einsatz.

Das meinen die Bezeichnungen in diesem Buch:

alabaster: milchglasartig durchscheinend
bedampft: siehe *rainbow*
Glasschliffperlen: haben durch den Schliff viele Facetten, die das Licht brechen; werden auch als „geschliffene Glasperlen" angeboten.
matt: mit rauer Oberfläche; werden auch als „gefrostet" angeboten.
metallic: glänzen wie Metall; werden auch als „perlmutt" angeboten.
transparent: durchsichtig
opak: undurchsichtig
perlmutt: schimmern ähnlich wie echte Perlen; werden auch als „irisierend" oder „metallic" angeboten.
rainbow: haben eine Grundfarbe, spiegeln aber viele Farben wider; werden auch als „gelüstert" und „irisierend" angeboten. Bei Glasschliffperlen wird dieser Effekt meist als *bedampft* bezeichnet.
mit Silbereinzug: silberfarbige Beschichtung in transparenten Perlen; werden auch als „verspiegelt" angeboten.

So viele Perlen brauchen Sie:

Genaue Mengenangaben sind nicht möglich. Kaufen Sie für eine Kette pro Farbe je eine Packung Perlen mit 15-20 g Inhalt. Das reicht normalerweise locker und meistens ist auch das passende Armband mit drin. Lediglich bei recht großen Perlen (real ca. 2,6 mm) sind die 15 g-Dosen schon eher knapp bemessen. Bei Modellen mit Glasschliffperlen wird eine ungefähre Stückzahl angegeben. Wie viele Sie wirklich benötigen, hängt von der Länge des Werkstücks und der Größe der Zwischenperlen ab.

Faden

Der Arbeitsfaden muss einerseits sehr stabil sein und andererseits so dünn, dass er mindestens zweimal gut durch die Perlen passt. Alle Fäden, die diesen Anforderungen entsprechen, sind meiner Erfahrung nach geeignet.

Ich verwende am liebsten naturfarbenes Spitzenhäkelgarn aus Mako-Baumwolle in Stärke 50, das man in Handarbeitsgeschäften erhält. Es lässt sich hervorragend verarbeiten und ist – trägt man das fertige Stück auf der Haut – kaum zu sehen. Transparente Perlen erhalten durch den „hellen Kern" das Fadens mehr Leuchtkraft, so dass ich es auch hierfür bevorzuge. Lediglich Schmuckstücke, die an den Rändern viele schwarze oder anthrazitfarbene Perlen aufweisen, gewinnen mit dunklem Garn.
Gute Erfahrungen – vor allem bei Perlen mit eher kleinen Löchern – habe ich auch mit den synthetischen Garnen „Nylbond" (Farbe beige) sowie „Nymo", (Stärke B, Farbe haut/tan) aus dem Hause Coats gemacht. Bei Perlen mit größeren Löchern verlieren Schmuckstücke mit diesen besonders dünnen Garnen jedoch etwas an Halt und können „labbrig" wirken.
Knopflochgarn kann ich ebenfalls empfehlen. Es eignet sich gut für opake Perlen, wenn die Löcher groß genug sind und man eine zu den randlichen Perlen passende Farbe zur Hand hat. Auch Zwirn kann verwendet werden. Allerdings gibt es Qualitäten, die sich schnell durchscheuern, so dass das fertige Schmuckstück leicht reißt.

Es soll nicht unerwähnt bleiben, dass in Bastelgeschäften speziell zum Perlenfädeln transparente Nylonfäden in verschiedenen Stärken angeboten werden. Ich habe als Jugendliche diese Fäden – und auch Angelschnur – sehr gerne verarbeitet, und zwar vorzugsweise ohne Nadel. Mittlerweile empfinde ich sie gegenüber textilen Garnen jedoch als recht widerspenstig, sowohl beim Auffädeln – besonders beim Verknoten und Vernähen – als auch im fertigen Schmuckstück. Aber natürlich können meine Schmuckstücke auch mit diesen Fäden nachgearbeitet werden. Je nach Perlengröße wären Stärken bis zu 0,25 mm geeignet.
Bei den Anleitungen zu den einzelnen Modellen habe ich auf die Angabe eines speziellen Fadentyps weitgehend verzichtet. Wenn Sie sich eines der genannten hellen Garne anschaffen, können Sie damit eigentlich alles fädeln.

Nadel

Die meisten Perlen lassen sich gut mit einer möglichst feinen, gewöhnlichen Nähnadel auffassen. Für besonders kleine Perlenlöcher eignet sich eine extra zarte, aus feinem Draht gezwirbelte „Griffin-Nadel". Sie zwängt sich noch durch die kleinste Ritze und leistet besonders dann gute Dienste, wenn die normale Nähnadel beim Vernähen des fertigen Stückes kein drittes oder viertes Mal durch die Perlen will. Weitere Vorzüge sind das einfache Einfädeln des Fadens – ihr Öhr kann mit einer Stecknadelspitze leicht aufgebogen werden – und die Möglichkeit, sie mit einer Zange nach Belieben auf eine praktische Länge zu kürzen.
Perlennadeln, wie sie üblicherweise in Bastelgeschäften angeboten werden, sind meist zum Perlenweben gedacht und daher recht lang. Ich empfinde sie eher als unhandlich. Findet sich jedoch keine andere geeignete Nadel, kann man natürlich auch darauf zurückgreifen.

Verschlüsse

Das vielfältige Angebot an Verschlüssen ermöglicht Lösungen nach jedem Geschmack, so dass ich mich auf einige Vorschläge beschränke. Meine Modelle haben zumeist einfache, schlichte Verschlüsse, die gegenüber dem Perlenmuster in den Hintergrund treten.

Bei Ketten verwende ich gerne einen Karabiner (10-12 mm groß) oder einen Federring mit einem Gliederkettchen als Gegenstück. So kann die Kette dem Ausschnitt des dazu getragenen Kleidungsstückes angepasst werden. Für Kinder eignen sich auch die leicht zu schließenden Magnetverschlüsse gut.

Bei Armbändern können größere Perlen (8-10 mm) oder Knöpfe als Verschluss Akzente setzen. Sie erhalten als Gegenstück eine Schlaufe aus Perlen.

Natürlich eignen sich auch hier Karabiner, Federringe oder andere Systeme, soweit sie mit einer Hand geöffnet und geschlossen werden können. Magnetverschlüsse sind für Armbänder ungünstig. Sie öffnen sich zu leicht von selbst, wenn man irgendwo hängen bleibt.

Bei allen Verschlüssen sollten Sie sich die Öse genau ansehen. Scharfkantige Ösen – oft an Karabinern und Magnetverschlüssen – scheuern schnell den Faden durch. Steht dies zu befürchten, kann mit Hilfe einer feinen Zange ein kleiner Zwischenring in die Öse des Verschlusses eingehängt werden. In diesen Ring wird dann der Arbeitsfaden geknotet.

So geht's

Vorbereitung

Legen Sie sich das benötigte Material zurecht.

Nun wird die Nadel eingefädelt. Das erfordert mitunter reichlich Geduld und Spucke. Zunächst können Sie den Faden mit feuchten Fingern zu einer Spitze drehen und versuchen, ihn so durch das Öhr zu schieben. Gelingt dies nicht, drücken Sie den angefeuchteten Faden zwischen den Fingernägeln flach und versuchen es so noch einmal. Manchmal geht es auch besser, wenn Sie das trockene, glatt abgeschnittene Fadenende zwischen den Fingernägeln flachdrücken und dann das Öhr über den Faden stülpen, ohne den Faden zu bewegen. Sollte Ihnen dies alles nicht liegen, greifen Sie auf die erwähnte Griffin-Nadel zurück.

Die Nadel wird nur etwa 5 cm weit auf den Faden gezogen und für die ganze Fädelei dort belassen. Denn beim Fädeln wird der Fadenknick im Nadelöhr sehr stark strapaziert. Würde der Faden zunächst weiter eingezogen, kämen die schadhaften Fadenstellen später im Schmuckstück zu liegen und könnten dort leicht reißen.

Rollen Sie etwa eine Armlänge des Fadens ab und legen die Spule – ohne den Faden abzuschneiden – an den linken Rand des Arbeitsplatzes (Linkshänder an den rechten).

Nun können Sie eine „Stopperperle" anbringen, indem Sie den Faden zweimal durch eine beliebige Perle führen und diese vorsichtig an den Arbeitsbeginn (etwa eine Armlänge von der Nadel entfernt) schieben. Die Stopperperle wird später wieder entfernt. Ihre Aufgabe ist es, die ersten aufgefädelten Perlen an einer Stelle des Arbeitsfadens zu fixieren und so den Anfang zu erleichtern.

Das Fädeln nach dem Fädelschema

Zu jedem Schmuckstück gibt es ein
Fädelschema. Es zeigt den Verlauf des
Fadens durch die Perlen. Folgt man dem
Faden mit dem Auge oder auch mit
einem Stift, lässt sich nachvollziehen, in
welcher Reihenfolge die Perlen aufgenommen werden und wann der Faden
durch bereits vorhandene Perlen zurückgeführt werden muss.
Im Beispiel sind die ersten Arbeitsschritte
mit Ziffern im Fädelschema gekennzeichnet
und einzeln dargestellt.

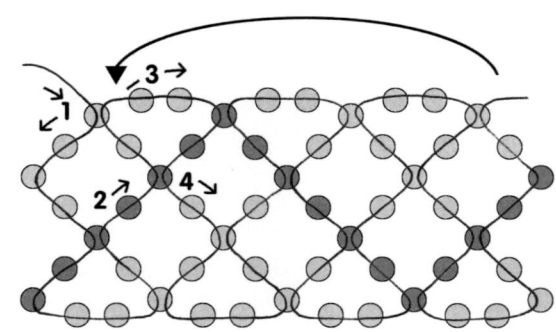

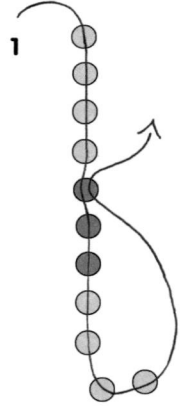

1
Zuerst fädeln Sie alle Perlen bis zur ersten Kreuzungsperle auf, im Beispiel 4 helle, 3 dunkle, 4 helle.
Dann wird der Faden durch die erste Kreuzungsperle,
also die erste dunkle, zurückgeführt.

2
Fädeln Sie die Perlen bis zur nächsten Kreuzungs-
perle auf - 2 dunkle, 1 helle. Nun führen Sie den
Faden durch die allererste Perle und ziehen fest.

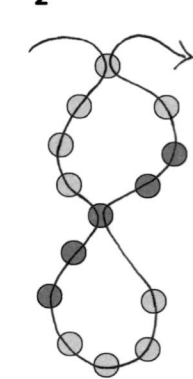

3
Nachdem Sie die nächsten Perlen aufgefädelt haben
– 2 helle, 2 dunkle –, sollten Sie das angefangene
Stück vor sich hinlegen und dem Schema entsprechend ausrichten, um den Faden durch die
mittlere der drei in Schritt 2 aufgefädelten Perlen
zurückzuführen.

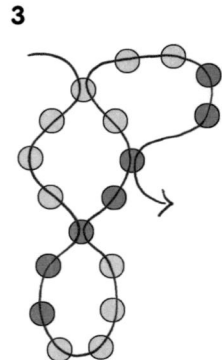

4
Nun folgen die nächsten Perlen: 3 helle.
Die Schlaufe des 1. Arbeitsschritts neigt dazu, sich
zu verdrehen, so dass Sie auch hier das angefangene Stück nach dem Schema ausrichten
sollten, bevor Sie den Faden durch die vorgesehene
Kreuzungsperle fädeln.

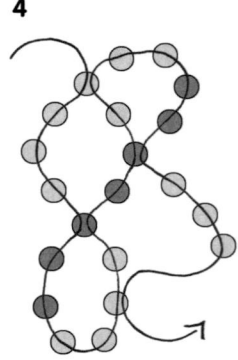

Jetzt kommt das Stück in die im Fädelschema dargestellte Form und Sie können einfach weiterarbeiten, indem sie die Perlen in der entsprechenden Reihenfolge aufnehmen. Der Pfeil über dem Schema zeigt jeweils eine Mustereinheit im Fädelschema. Wenn Sie mit dem Arbeitsfaden am Pfeilanfang angekommen sind, geht es wieder bei der Pfeilspitze weiter.

Probieren Sie aus, ob Ihnen die Arbeit leichter von der Hand geht, wenn Sie das Stück beim Fädeln auf dem Tuch vor sich liegen haben oder fest in der Hand halten. Achten Sie darauf, dass beim Zurückfädeln durch eine Kreuzungsperle der bereits vorhandene Faden nicht mit der Nadel verletzt wird.

Am Ende jeder Reihe – also immer, wenn Sie am oberen oder unteren Rand des Werkstücks angekommen sind – wird der Faden festgezogen. Gegebenenfalls ist es auch sinnvoll, die vorherige Reihe nochmal nachzuziehen.

Wenn sich der Faden öfter verheddert, lassen Sie ihn mit der Nadel als Gewicht frei nach unten hängen und streifen ihn mit den Fingern aus.

Beenden Sie die Arbeit an einer geeigneten Stelle im Muster, wenn noch etwa 15-20 cm des Arbeitsfadens übrig sind. Hat das Band bereits die gewünschte Länge erreicht, wird nun der Verschluss angebracht. Ansonsten fixieren Sie das Arbeitsende mit einer Stopperperle, um die Arbeit zu wenden und auf der anderen Seite weiterzuarbeiten.
Je nachdem, wieviel noch gefädelt werden muss, wird dazu die Fadenspule in mehr oder weniger einer Armlänge Entfernung vom begonnen Stück abgeschnitten und die Stopperperle herausgezogen.
Bei den meisten Mustern können Sie nun durch Drehen und Wenden das angefangene Teil so nach dem Schema ausrichten, dass Sie auf der anderen Seite in der gewohnten Weise bis zur gewünschten Länge weiterfädeln können. Manche Ornamente erfordern es jedoch, dass das Fädelschema nach dem Wenden von rechts nach links gelesen werden muss. Bei den betref- fenden Modellen wird darauf hingewiesen.

Anstückeln

Sollte während der Arbeit der Faden zu kurz werden, muss angestückelt werden. Dazu fädeln Sie den neuen Faden ein Stückchen so durch die Perlen des fertigen Teils, dass er an der gleichen Stelle wie der alte Faden herauskommt. Die beiden Fäden werden verknotet und mit dem neuen wird weitergearbeitet.
Bei der Fertigstellung des Schmuckstückes werden die beiden heraushängenden Fadenenden vernäht.

Verschlüsse anbringen

Im Fädelschema zu den einzelnen Modellen wird jeweils gezeigt, an welcher Stelle im Musterverlauf der Verschluss einen harmonischen Abschluss bildet. Am anderen Ende des Schmuckstücks richtet sich die Platzierung des Gegenstückes vor allem nach der gewünschten Länge. Es ist nicht immer möglich, beide Verschlusselemente an der gleichen Stelle im Musterverlauf anzubringen. Aber wenn Ihr Werkstück die gewünschte Länge erreicht hat, sind Sie mit dem Muster so vertraut, dass es Ihnen nicht schwer fallen wird, eine geeignete Stelle für das zweite Verschlusselement zu finden.

Achtung! Die Fädeltechnik bringt es mit sich, dass bei Armbändern die Verschlüsse nicht in der Mitte der Armbandbreite angebracht werden können, sondern leicht nach „oben" oder „unten" versetzt. In den Abbildungen ist das deutlich zu erkennen. Natürlich sollen am Schluss beide Verschlussteile eines Schmuckstücks jeweils dem gleichen Armbandrand näher liegen.

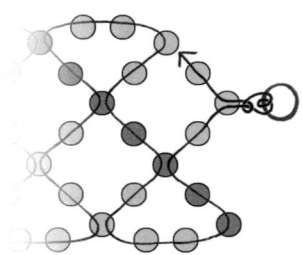

Der gerade Armbandabschluss
Bei dieser einfachsten Variante für Armbänder wird der Verschluss in der letzten Reihe nach der vorletzten Perle aufgefädelt und mit ein bis zwei Knoten gesichert (Abbildung links oben). Der Faden wird durch die gleiche Perle zurückgeführt, durch die letzte lose Perle und die Kreuzungsperle gezogen und dann festgeknotet.

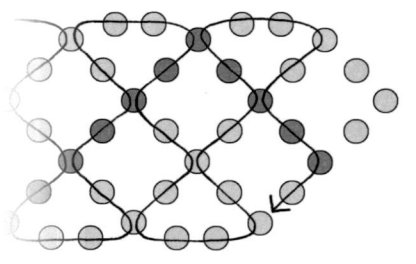

Der schräge Armbandabschluss
Zunächst wird wie gewohnt bis zur gewünschten Länge gefädelt (Abbildung links Mitte). Um eine Schrägung zu erreichen, muss der Faden dann ein Stück durch die bereits bestehende Fädelei zurückgeführt werden (Abbildung links unten). Sodann wird nach der mittleren der letzten drei Perlen der Verschluss eingeknotet.

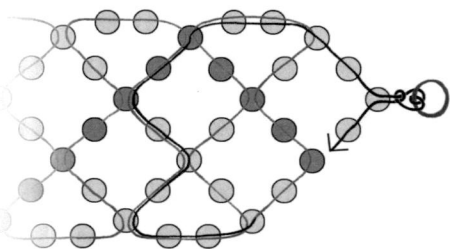

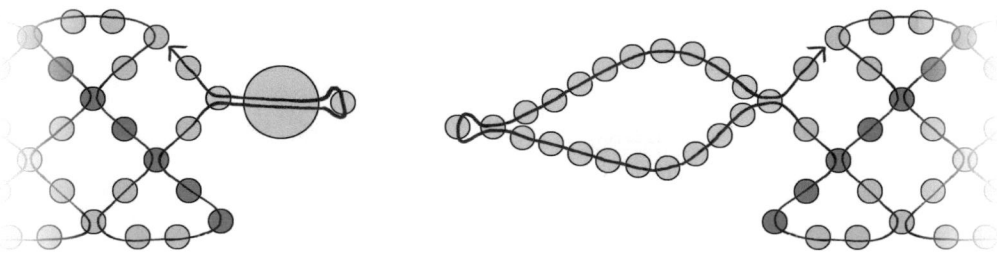

Verschlussperlen oder -knöpfe

Verschlussperlen und -schlaufen werden an der gleichen Stelle wie andere Verschlüsse angebracht, also entweder am geraden oder schrägen Armbandrand jeweils nach der betreffenden Perle im Musterverlauf. Eine große Verschlussperle wird mit einer kleinen Perle fixiert, ebenso die Spitze der Schlaufe (Abbildung oben). Wie viele Perlen für die Schlaufe benötigt werden, muss jeweils ausprobiert werden. Die Schlaufe sollte etwas stramm über die Verschlussperle gleiten, aber natürlich nicht so eng sein, dass sie reißt.

Ein Knopf mit Öse kann direkt festgeknotet werden. Allerdings sollte auch hier auf scharfe Kanten geachtet werden. Bei manchen Knöpfen ist die Öse so groß, dass sie direkt über die letzten Perlen gezogen werden kann (Beispiel auf Seite 20, Modell 3).

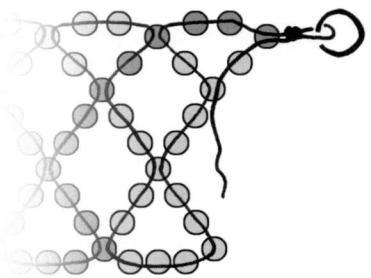

Der Kettenverschluss

Der Verschluss wird am oberen Rand der Kette nach der 3. Perle festgeknotet. Dann führen Sie den Faden durch die gleiche Perle zurück und fädeln die letzte lose Perle auf. Nach der nun folgenden Kreuzungsperle wird der Arbeitsfaden mit dem bereits zwischen den Perlen vorhandenen Faden verknotet.

Fertigstellung

Bei allen Schmuckstücken kann man die Verschlüsse zusätzlich sichern, indem man den Faden nochmals im Kreis durch die letzten Perlen und die Verschlussöse führt und diese dabei evtl. nochmal festknotet. Allerdings geht dies nur, wenn die Löcher der Perlen groß genug sind.

Zum Schluss werden alle losen Fadenenden vernäht, indem diese ein Stück durch die Perlen des Schmuckstückes zurückgeführt und an einigen Stellen um den zwischen den Perlen vorhandenen Faden herum verknotet werden.

Fröhliche Bänder in frischen Farben

1
Material:
Perlen (2,4 mm) *perlmutt*
in gelb, orange, himbeer,
Faden,
Federverschluss in silber

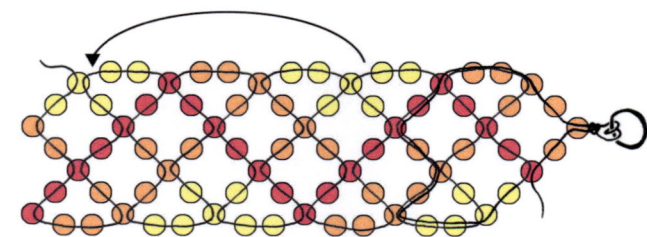

2
Material:
Perlen (2,4 mm) *perlmutt*
in blau, orange, anthrazit,
Faden, Verschuss:
schwarze Glasschliffperle (8 mm),
opak bedampft

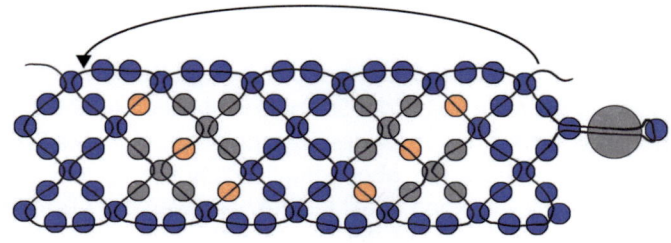

3
Material:
Perlen (2,4 mm) *perlmutt*
in rosa, hellgrün, lila,
Faden,
Federverschluss in silber

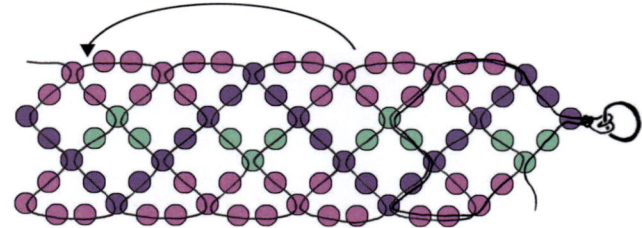

4
Material:
Perlen (2,4 mm) *perlmutt*
in rosa, hellgrün, lila,
Faden,
Federverschluss
in silber

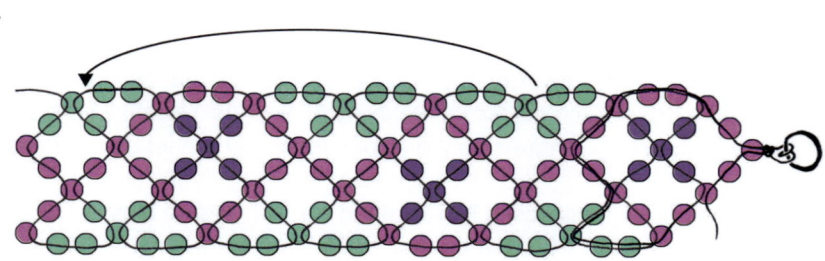

Der besondere Glanz dieser Perlen verleiht den fröhlichen Armbändern die erfrischende Note. Sie werden meist unter der Bezeichnung „perlmutt", manchmal aber auch als „metallic" angeboten.

5
Material:
Perlen (2,4 mm) *perlmutt*
in gelb, hellgrün, blau,
Faden,
Federverschluss in silber

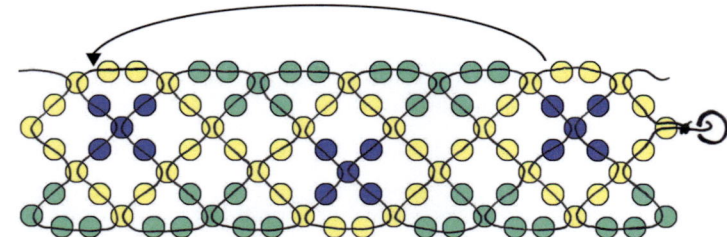

6
Material:
Perlen (2,4 mm) *perlmutt*
in blau, gelb, himbeer,
Faden,
Federverschluss in silber

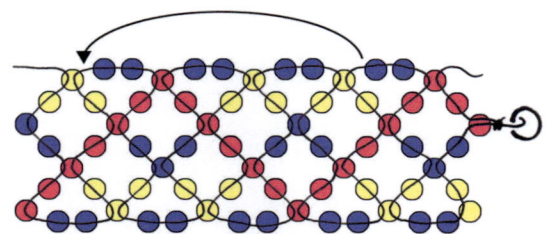

7
Material:
Perlen (2,4 mm) *perlmutt*
in orange, gelb, himbeer,
Faden,
Federverschluss in silber

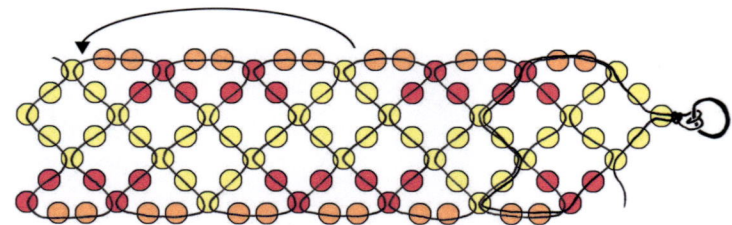

8
Material:
Perlen (2,4 mm) *perlmutt*
in anthrazit, blau,
schwarzes Knopflochgarn
oder anderer Faden,
Verschluss:
schwarze Glasschliffperle
(8 mm), *bedampft*

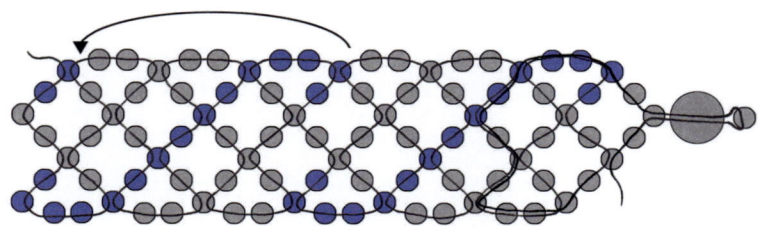

Noch mehr fröhliche Bänder

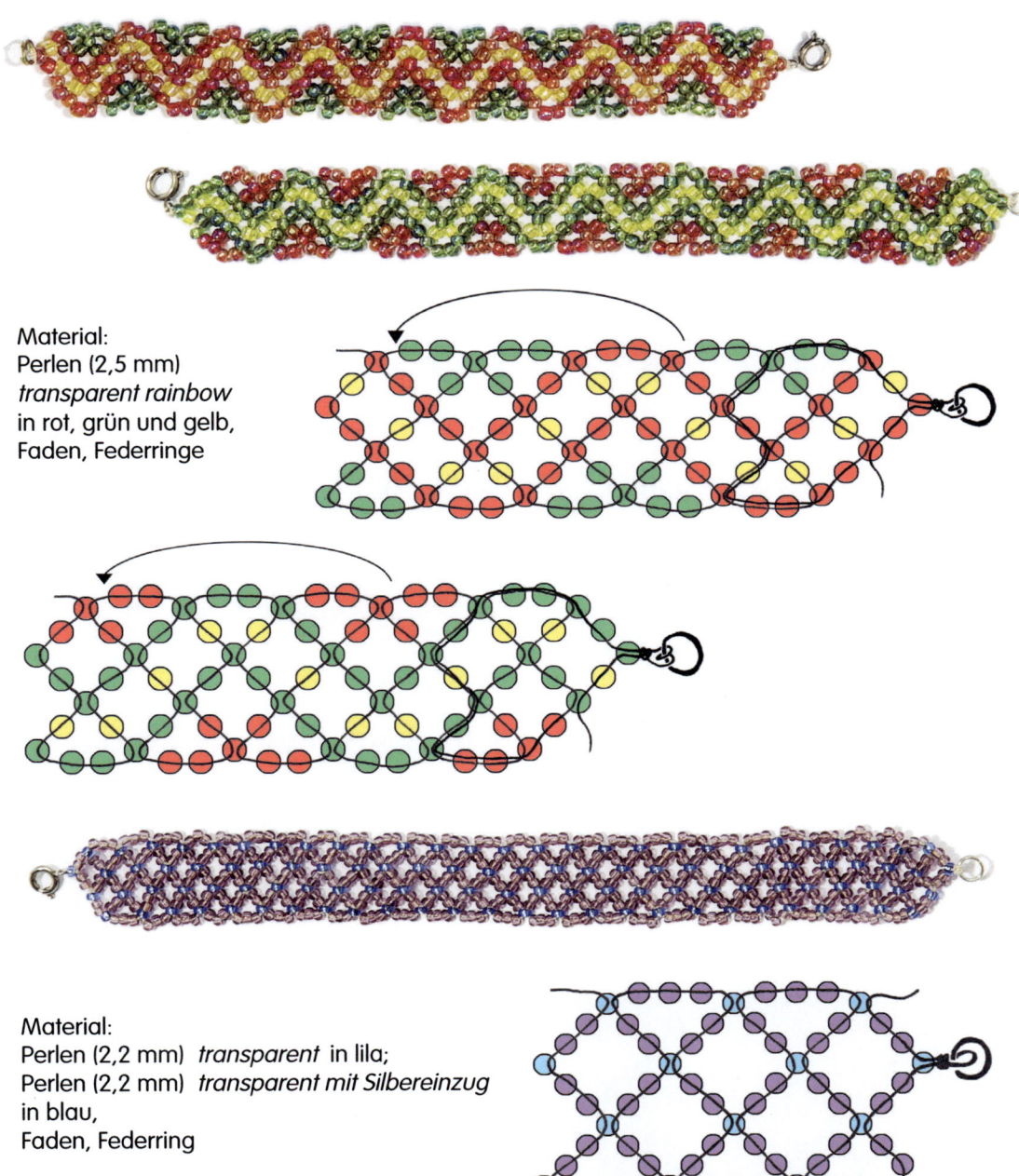

Material:
Perlen (2,5 mm)
transparent rainbow
in rot, grün und gelb,
Faden, Federringe

Material:
Perlen (2,2 mm) *transparent* in lila;
Perlen (2,2 mm) *transparent mit Silbereinzug*
in blau,
Faden, Federring

Fesches im Landhauslook

1

Material:
Perlen (2,6 mm) *opak*
in rot und weiß mit roten Streifen
(im Schema rosa dargestellt),
rote Knopflochseide oder
anderer Faden,
Karabiner in gold

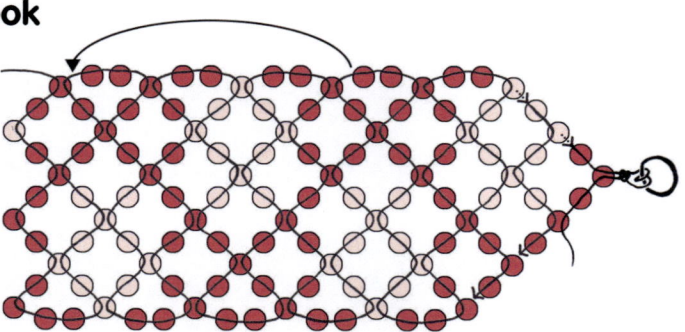

Der schräge Rand wird nach dem auf Seite 14 für ein schmaleres Band dargestellten Prinzip gearbeitet. Allerdings muss der Faden für dieses Modell zwei Mal durch die Fädelei wieder nach oben geführt werden, um für den nächsten Bogen an der richtigen Stelle herauszukommen. Bei den etwas größeren Perlen in diesem Modell ist das jedoch kein Problem!

2

Material:
Perlen (2,6 mm) *opak* in rot, grün
und weiß mit roten Streifen,
grünes Knopflochgarn
oder anderer Faden,
Verschluss: Karabiner in silber

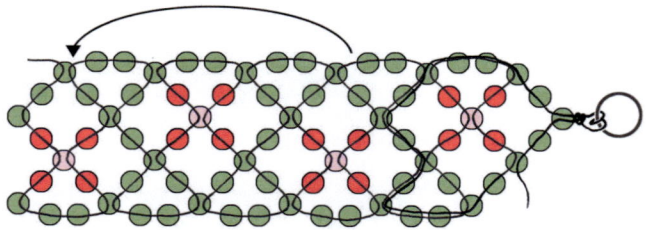

3

Material:
Perlen (2,6 mm) *opak* in rot und weiß mit roten Streifen, rotes Knopflochgarn oder anderer Faden, ein Trachtenknopf in altsilber als Verschluss.

Die Öse des von mir verwendeten Knopfes war so groß, dass sie über die entsprechenden Perlen gezogen werden konnte (im Schema angedeutet). Andere Möglichkeiten zur Befestigung eines Knopfes finden Sie auf Seite 15. Probieren Sie aus, wie viele Perlen für die Schlaufe benötigt werden, damit diese nicht zu streng, aber auch nicht zu locker über den Knopf rutscht.

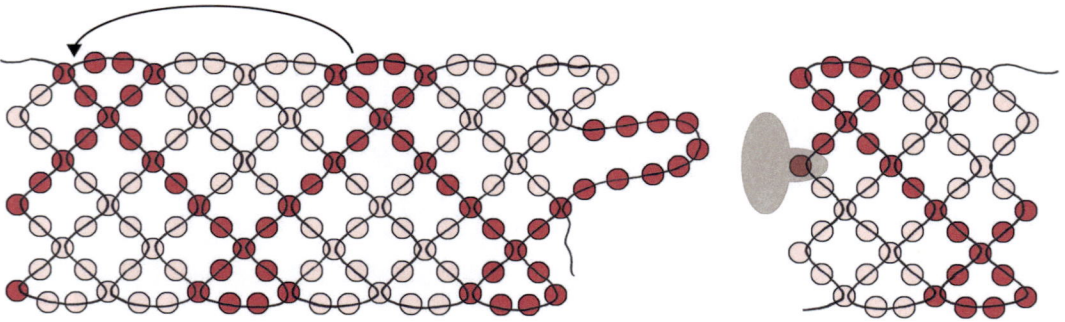

4

Material:
Perlen (2,2 mm) *opak* in rot und rosa,
Faden,
Herzchenknopf als
Verschluss

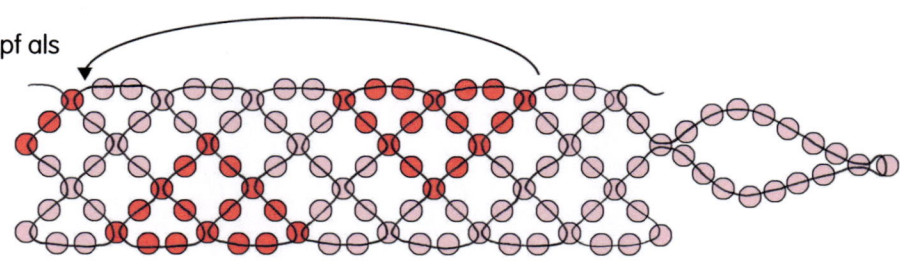

5

Fädelschema gegenüber;
Material:
Perlen (2,2 mm) *opak* in weiß, grün, blau, und rot; Faden, Blümchenknopf als Verschluss.

Das Blümchenmuster erfordert volle Konzentration, da sich das Fädelmuster nicht wie bei den meisten anderen Modellen ständig wiederholt. Es empfiehlt sich, nach dem Wenden der Arbeit auch das Fädelschema umzudrehen und vom Pfeilanfang in Richtung Pfeilspitze weiterzuarbeiten, bis die gewünschte Länge erreicht ist.

6

Material:
Perlen (2,6 mm) *opak* in rot und
weiß mit roten Streifen,
rotes Knopflochgarn oder anderer Faden,
Karabiner in silber

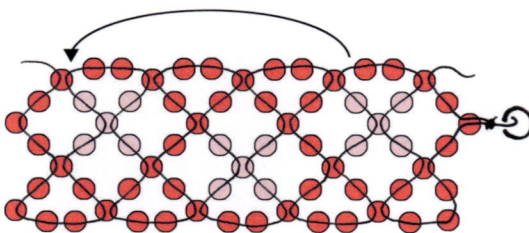

7

Fädelschema gegenüber;
Material:
Perlen (2,2 mm) *opak* in schwarz, grün, blau, rot, weiß und gelb,
schwarzes Knopflochgarn oder anderer Faden, Federverschluss in gold

Hier ranken die Blüten in verschiedenen Farben über das Armband, so dass es keine Musterwiederholung gibt. Das Fädelschema zeigt die ganze Länge das Armbands in zwei Teilen (in der gleichen Richtung).
So gelingt die Fädelei:
Arbeiten Sie zunächst nach dem Schema 7a und bringen Sie das erste Verschlusselement an. Dann wenden Sie die Arbeit und drehen auch das Fädelschema um, so dass Sie in der gewohnten Richtung weiterarbeiten können. In Abbildung 7b ist der Teil blass dargestellt, den Sie bereits am Anfang von 7a gefädelt haben. Das erleichtert Ihnen beim Wenden der Arbeit die Orientierung. Außerdem umfasst das Fädelschema ein paar Blüten mehr als mein für ein Kind ausgelegtes „Fotomodell". So können Sie bequem bis zur gewünschten Länge weiterarbeiten.

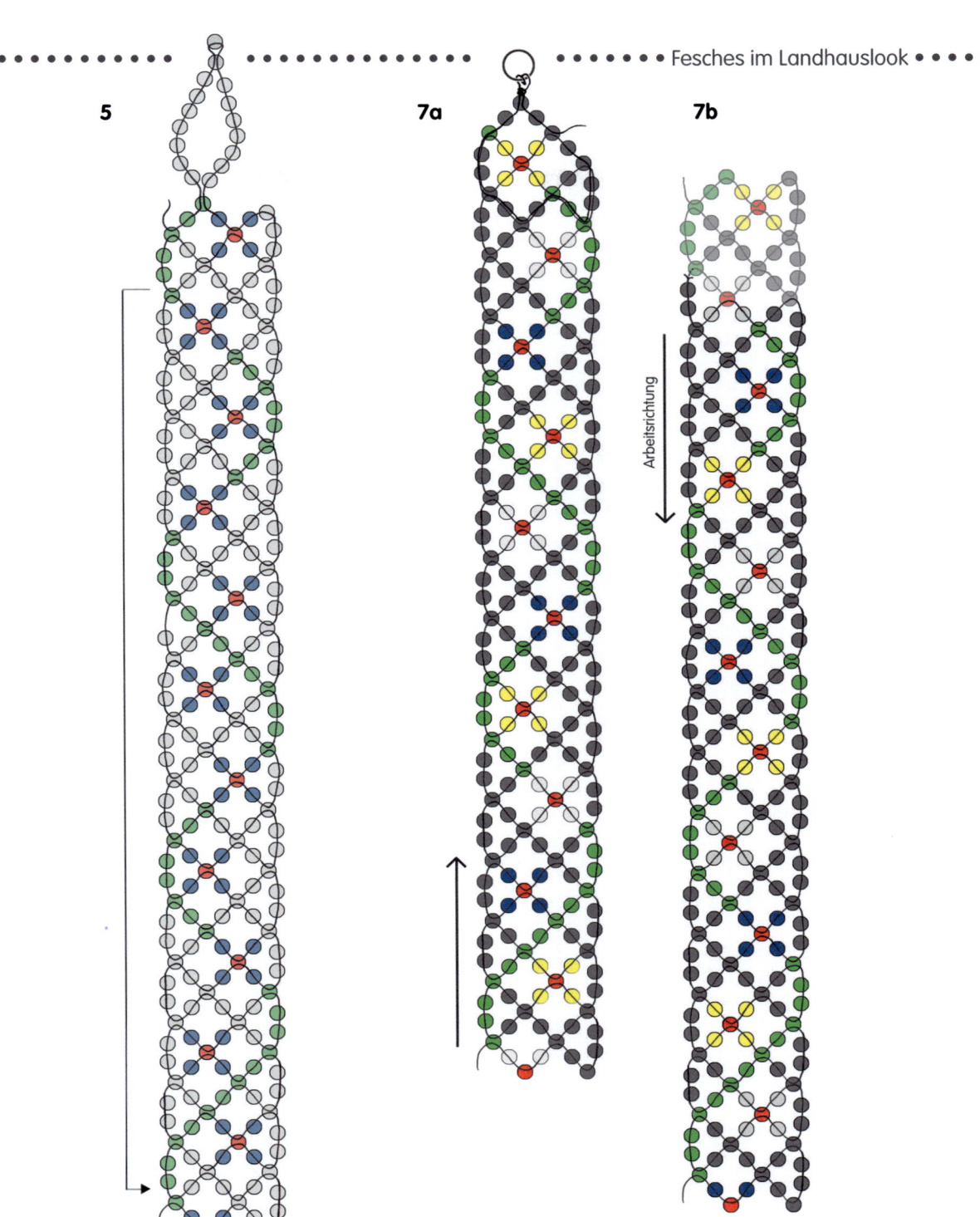

5

7a

7b

Arbeitsrichtung

Für kleine und große Prinzessinnen

1-4
Material:
Perlen (2,5 mm) *perlmutt* wahlweise in
blau und rosa, blau und apricot,
grün und rosa oder grün und apricot,
Faden, Karabiner in gold oder silber

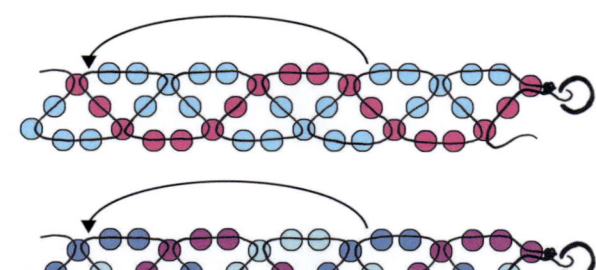

5
Material:
Perlen (2,5 mm) *alabaster* in blau,
hellblau und lila, Faden,
Federverschluss in silber

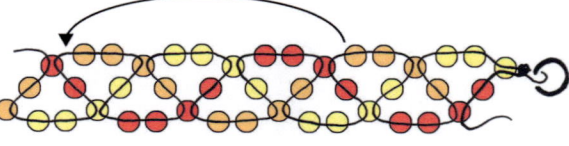

6
Material:
Perlen (2,5 mm)
alabaster in den
sechs Regenbogenfarben, Faden, Federverschluss in silber

7
Perlen (2,5 mm) *alabaster* in rot, orange
und gelb, Faden,
Federverschluss in silber

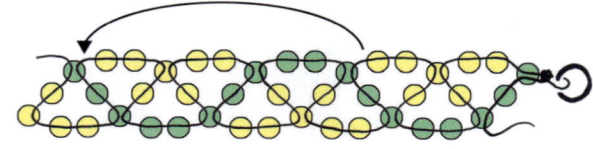

8
Material:
Perlen (2,6 mm) *transparent rainbow* in rot,
orange und gelb,
Faden, Federverschluss in silber,
Fädelschema wie Nr. 7

9
Material:
Perlen (2,6 mm) *transparent rainbow*
in den Regenbogenfarben
Federverschluss in silber,
Fädelschema wie Nr. 6

10
Material:
Perlen (2,6 mm) *transparent rainbow*
in grün und gelb,
Faden, Karabiner in silber
Federverschluss in silber

11
Material:
Perlen (2,6 mm) *transparent rainbow*
in rot, grün, blau,
Faden, Federverschluss in silber

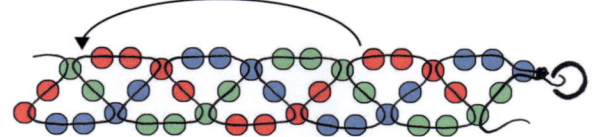

Diese schmalen Bänder sind schnell gefädelt.
Achtung: Bei den Mustern 5-9 und 11 muss
nach dem Wenden der Arbeit das Fädelschema von rechts nach links gelesen
werden, damit das Muster richtig erscheint!

Prärie-Impressionen

Warmes Braun und leuchtendes Orange: Kombiniert mit geometrischen Formen erinnern sie an indianische Folklore. Im Fädelschema bedeuten die hellen Perlen orange, die dunklen stehen für braun. Lediglich bei Modell 4 ist es genau umgekehrt. Es wird nach Schema 3 mit vertauschten Farben gearbeitet.

Material für alle Modelle:
Perlen (2,6 mm) *opak,*
braune Knopflochseide oder
anderer Faden,
Karabiner in bronze

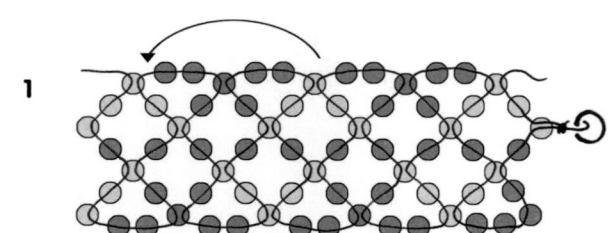

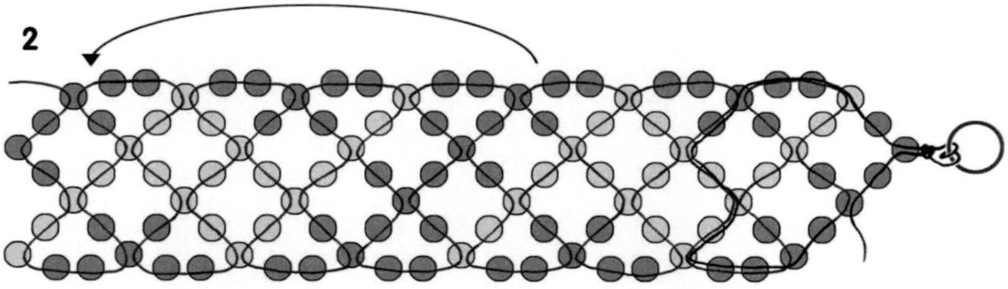

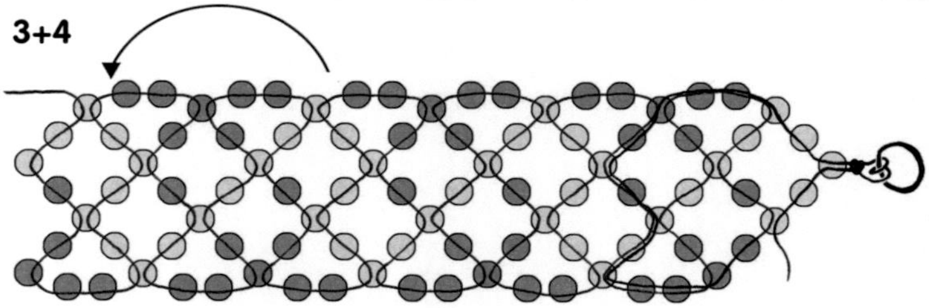

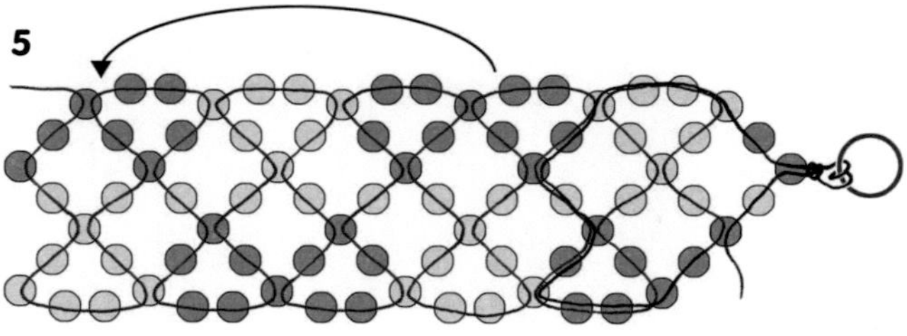

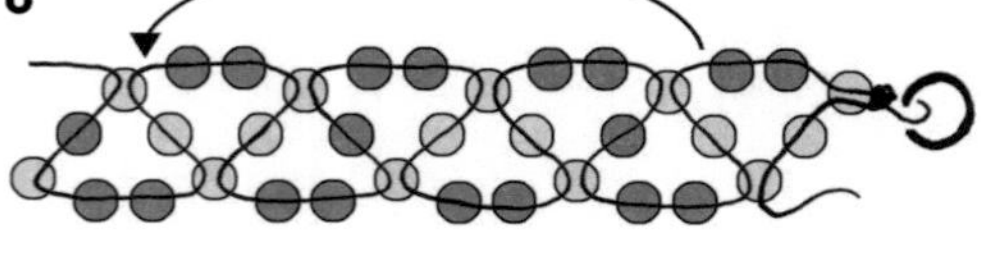

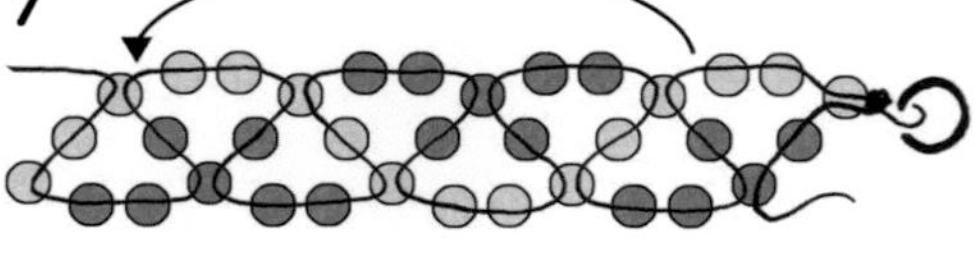

Wasser und Sand

1

Material:

Perlen (2,1 mm) *transparent matt rainbow* in mais und Perlen (4,5 mm) *transparent matt mit Silbereinzug* in hellblau, blau und dunkelblau, Faden, zwei blaue Glasschliffperlen (8 mm) als Verschluss

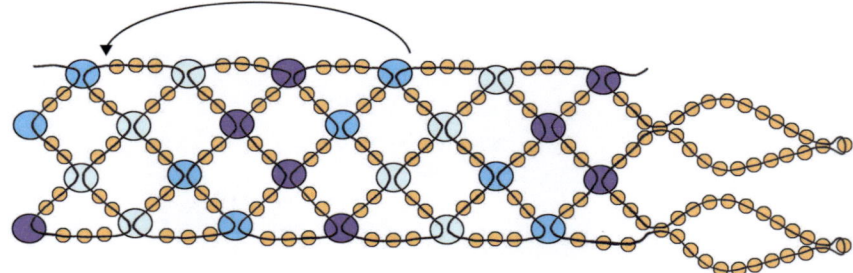

2

Material:

Perlen (2,6 mm) *opak perlmutt* in bronze und Perlen (4,5 mm) *transparent matt mit Silbereinzug* in blau, grün, lila, rot, orange und gelb, Faden, zwei blaue Glasschliffperlen (8 mm) als Verschluss

2a

2b

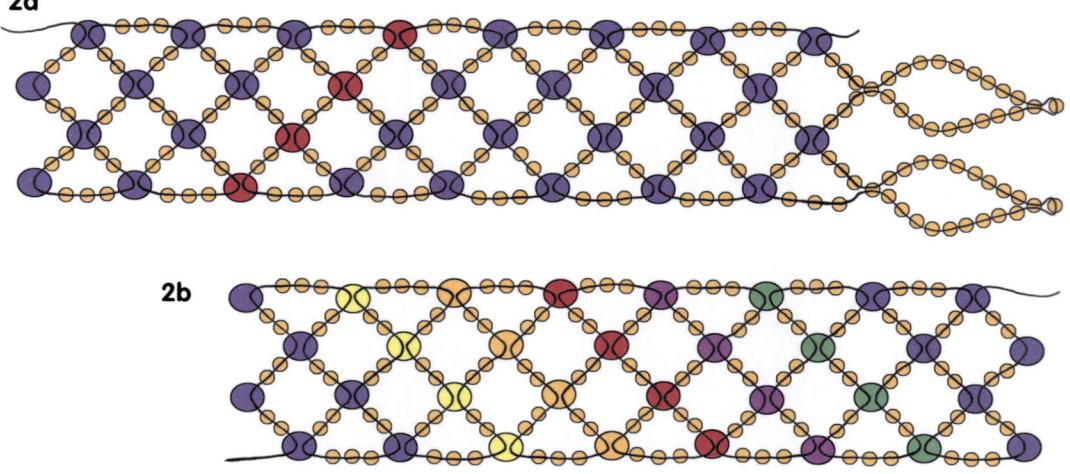

Fädeln Sie zunächst nach Schema 2a bis zu den Schlaufen. Dann wird die Arbeit gewendet. Es folgen drei Reihen mit blauen Kreuzungsperlen, die nicht im Schema eingezeichnet sind, bevor es bei 2b links unten weitergeht. Das Schema ist bereits umgedreht, so dass Sie wie gewohnt von links nach rechts weiterarbeiten können. Am Ende mit blauen Kreuzungsperlen bis zur gewünschten Länge fädeln.

3

Die Anleitung finden Sie auf der nächsten Seite.

Mit diesen Armbändern am Handgelenk kommt Urlaubsstimmung auf!
Die breiten Bänder entstehen durch die Kombination von großen
und kleinen Perlen in Braun- und Blautönen.
Geschliffene Glasperlen als Verschluss
setzen zusätzlich Akzente.

3 (Foto vorhergehende Seite)
Material:
Perlen (2,1 mm) *transparent matt rainbow* in mais; Perlen (4,5 mm) *transparent matt mit Silbereinzug* in hellblau und dunkelblau, Faden, zwei blaue Glasschliffperlen (8 mm) als Verschluss

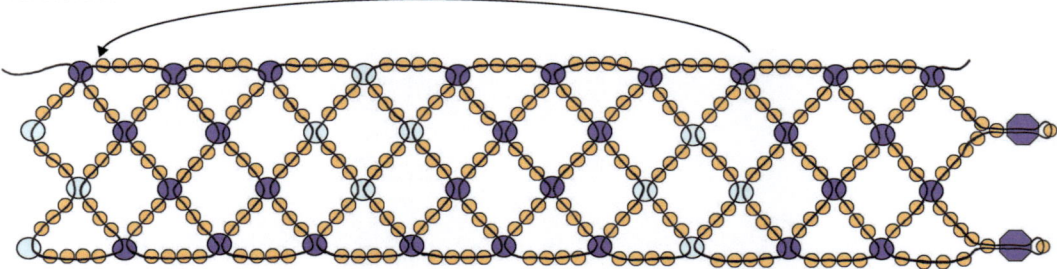

Zarte Wellen

Material:
Perlen (2,6 mm) *transparent* in rosé und Perlen (2,4 mm) *transparent* in lila, Faden, Verschlüsse

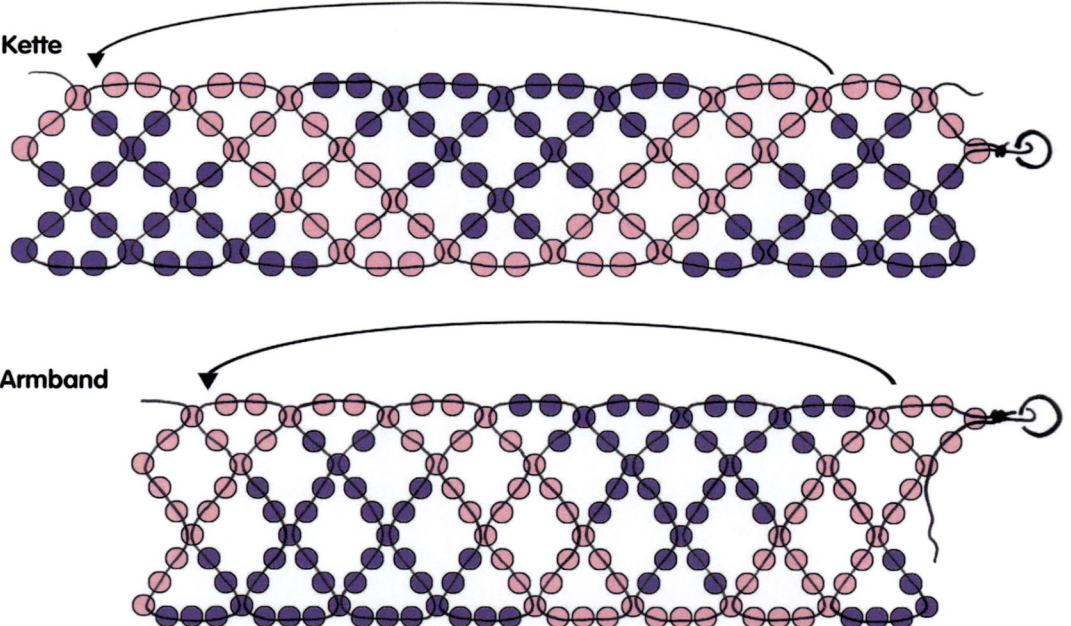

Kette

Armband

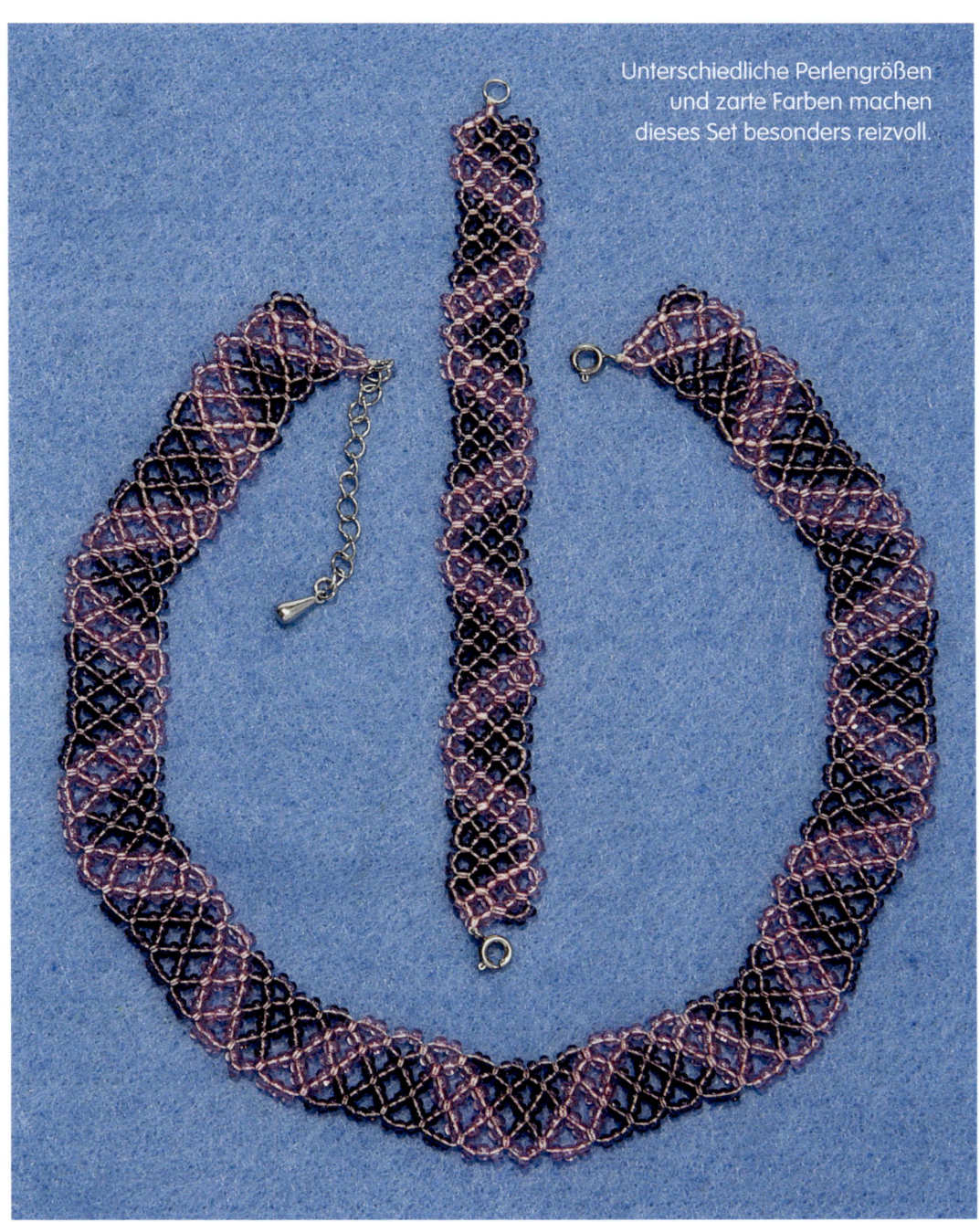

Unterschiedliche Perlengrößen
und zarte Farben machen
dieses Set besonders reizvoll.

31

Zimt, Schokolade, Lavendel

Die Perlen für diese ungewöhnlichen Modelle sind relativ groß und daher leicht und schnell zu verarbeiten. Sie werden zwar unter der Bezeichnung „perlmutt opak" angeboten, glänzen aber nicht wie jene, die für die Armbänder auf Seite 17 verwendet wurden. Eher erinnern sie an matt poliertes Metall.

Kette

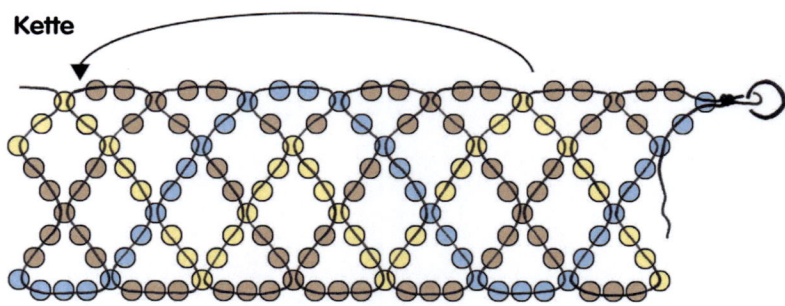

Material:
Perlen (2,5 mm) *perlmutt opak*
in schokobraun, rotgold und blau,
Faden, Karabiner in bronze

Farbvariante der Kette
(Foto Seite 3)
Material:
Perlen (2,5 mm) *perlmutt opak* in
„orchidee" (dunkleres lila), „lila" (helleres lila) und „karmin" (wirkt eher pink),
Faden, Karabiner und Kettchen in silber

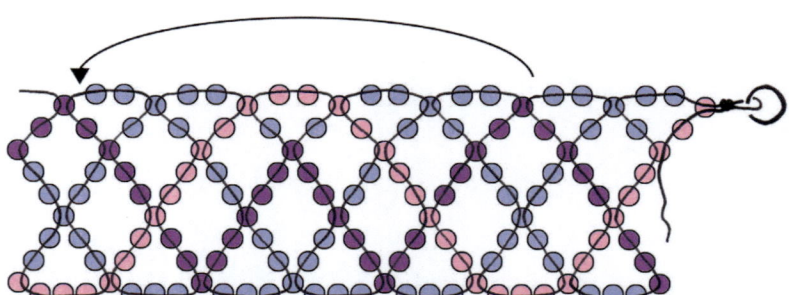

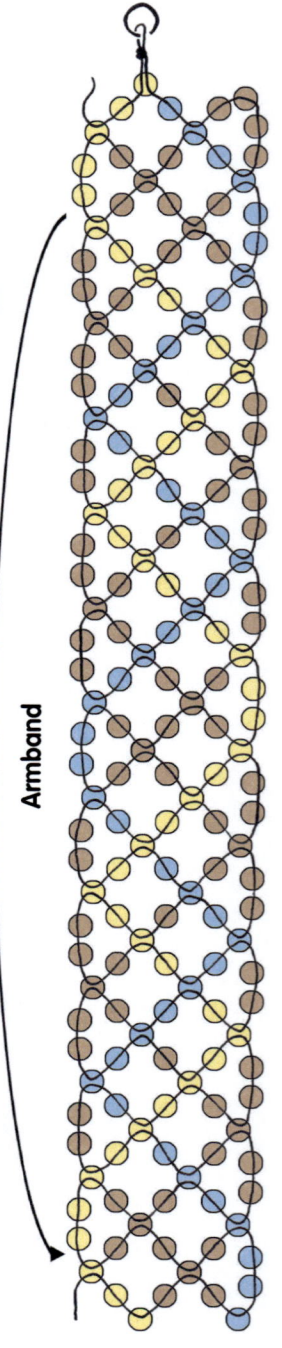

Armband

32

Inspiration Regenbogen

Material:
Perlen (2,6 mm) *alabaster* in den Regenbogenfarben lila, blau, grün, gelb, orange, rot,
Faden, Verschlüsse in gold
Die Perlen werden immer in der gleichen Reihenfolge gefädelt.

Armband

Kette

Variation von rot bis blau

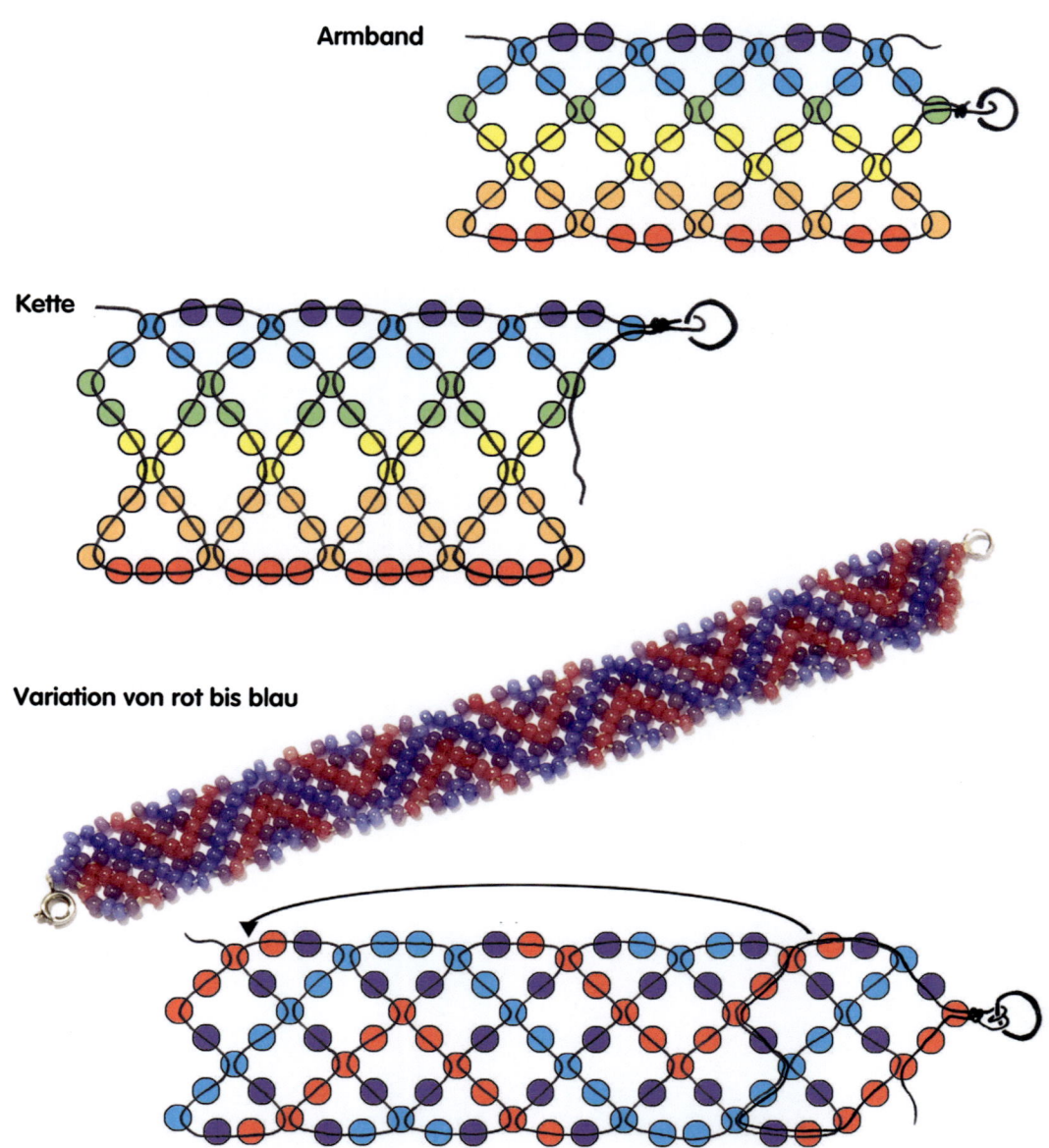

Edle Glasschliffperlen: Armband-Variationen

Das Fädelprinzip ist ganz einfach – die Wirkung einfach toll: Die Verbindung von funkelnden Glasschliffperlen und feinen Rocailles eröffnet fast grenzenlose Möglichkeiten für raffinierten Schmuck in allen Lieblingsfarben – passend zu jeder Garderobe.
Hier finden Sie einige Vorschläge.
Die gezeigten Modelle sind mit transparenten Glasschliffperlen in 4 mm Größe (je nach Länge ca. 75-82 Stück pro Armband) und Rocailles von 2,1-2,6 mm Durchmesser auf Spitzen-häkelgarn gefädelt. Die Farben finden Sie in der Legende unten.

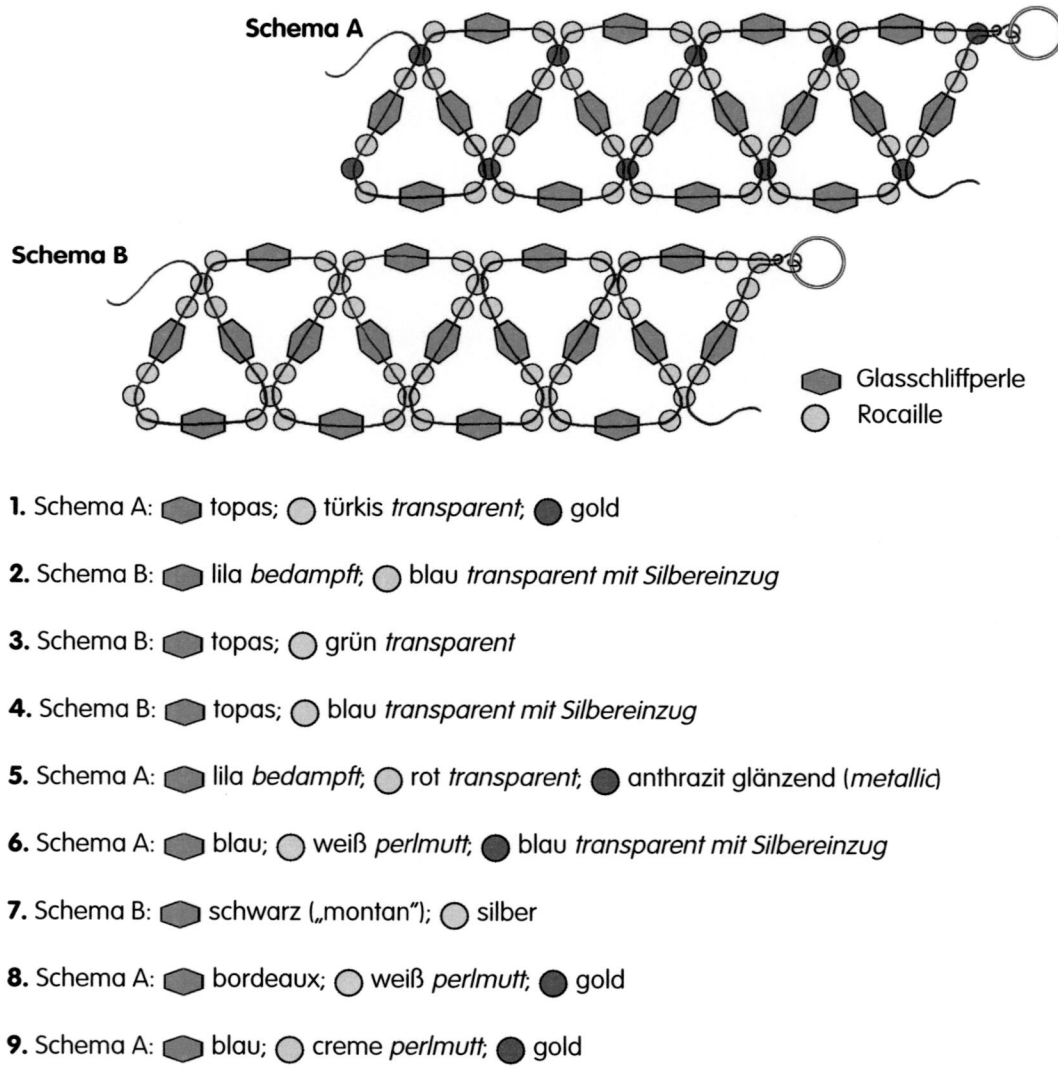

Schema A

Schema B

⬡ Glasschliffperle
◯ Rocaille

1. Schema A: ⬡ topas; ◯ türkis *transparent*; ● gold

2. Schema B: ⬡ lila *bedampft*; ◯ blau *transparent mit Silbereinzug*

3. Schema B: ⬡ topas; ◯ grün *transparent*

4. Schema B: ⬡ topas; ◯ blau *transparent mit Silbereinzug*

5. Schema A: ⬡ lila *bedampft*; ◯ rot *transparent*; ● anthrazit glänzend (*metallic*)

6. Schema A: ⬡ blau; ◯ weiß *perlmutt*; ● blau *transparent mit Silbereinzug*

7. Schema B: ⬡ schwarz („montan"); ◯ silber

8. Schema A: ⬡ bordeaux; ◯ weiß *perlmutt*; ● gold

9. Schema A: ⬡ blau; ◯ creme *perlmutt*; ● gold

Edle Glasschliffperlen: Außergewöhnlicher Armschmuck

⬡ Glasschliffperle
◯ Rocaille

1
Material:
◯ 2,4 mm *transparent* in rot,
● 2,4 mm *opak metallic* in anthrazit,
⬡ 4 mm *transparent bedampft* in lila,
    ca. 98 Stück,
Faden, zwei rote Glasschliffperlen (8 mm)
als Verschluss

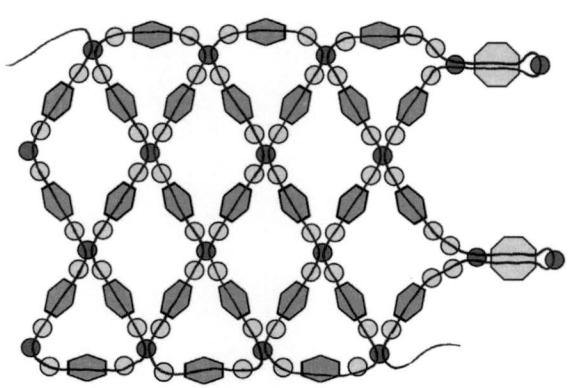

2
Material:
◯ 2,2 mm *transparent* in lila
⬡ 4 mm *transparent* in capriblau,
    ca. 143 Stück,
Faden, zwei lila Glasschliffperlen
(8 mm) als Verschluss

3 (Foto Seite 7)
Material:
◯ 2,4 mm *transparent mit Silbereinzug* in türkis,
⬡ 4 mm *transparent* in blau, ca. 50 Stück,
Faden, blaue Glasschliffperle (8 mm)
als Verschluss

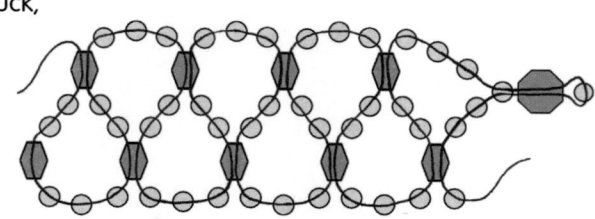

Edle Glasschliffperlen: Set für Hals, Arm und Ohren

Dieses Set wirkt ausgesprochen edel und ist ganz einfach nachzuarbeiten.
Material:
Faden, Karabiner mit Verschlusskette bzw. Gegenring, ein Paar Ohrhaken;

Glasschliffperlen (4 mm) *transparent* in capriblau; (ca. 206 Stück für die Kette;
ca. 82 Stück fürs Armband, 28 Stück für die Ohrringe)

Rocailles (2,2 mm), *transparent* in roséweinrot

Rocailles (2,2 mm) *transparent mit Silbereinzug* in türkis

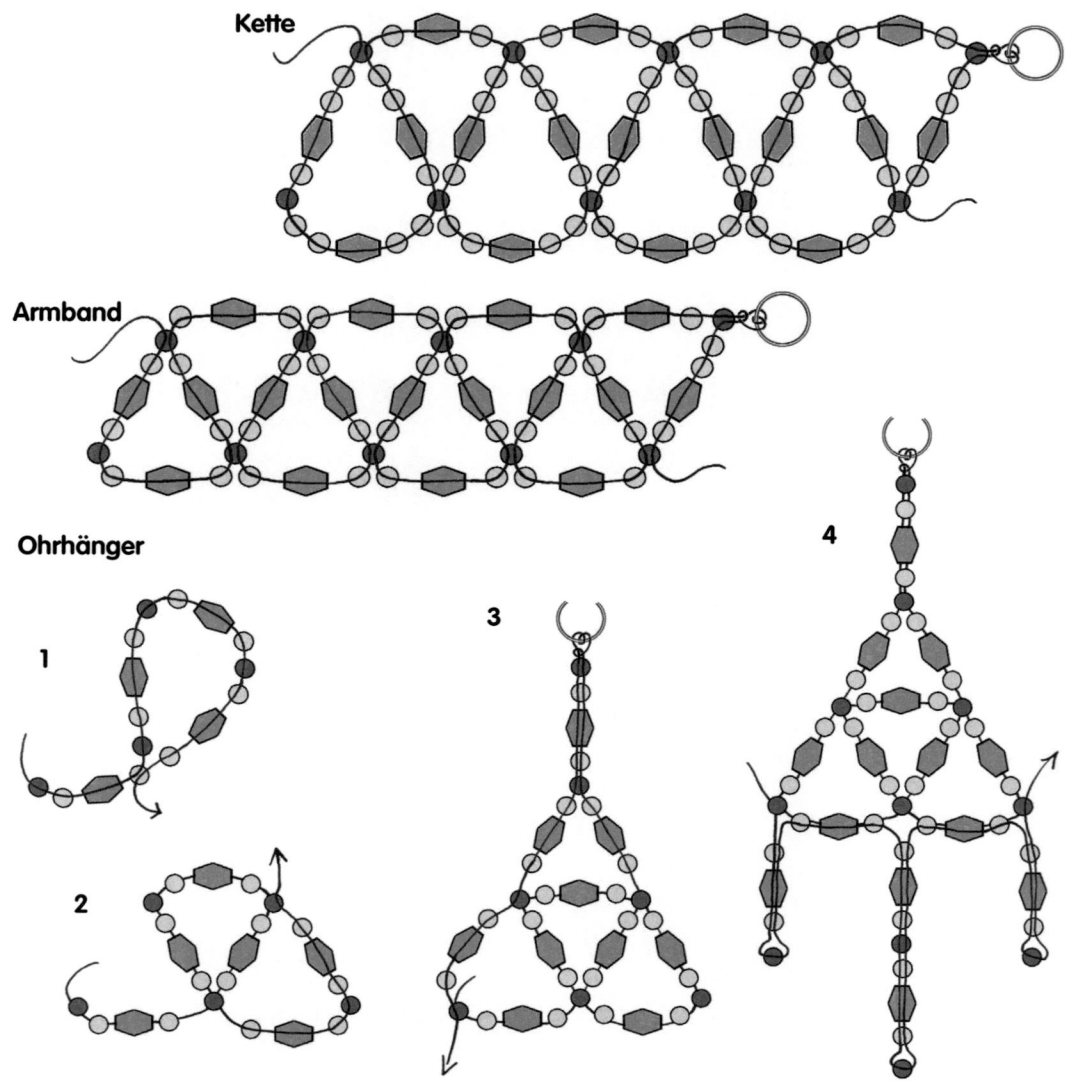

Kette

Armband

Ohrhänger

1

2

3

4

40

Transparent matt - meine Lieblingsperlen

1+2

Material:
Perlen (2,5 mm) *transparent matt* in blau und topas,
blaue Glasschliffperle (8mm) als Verschluss für das Armband und Federring mit Kettchen in silber für die Kette

1

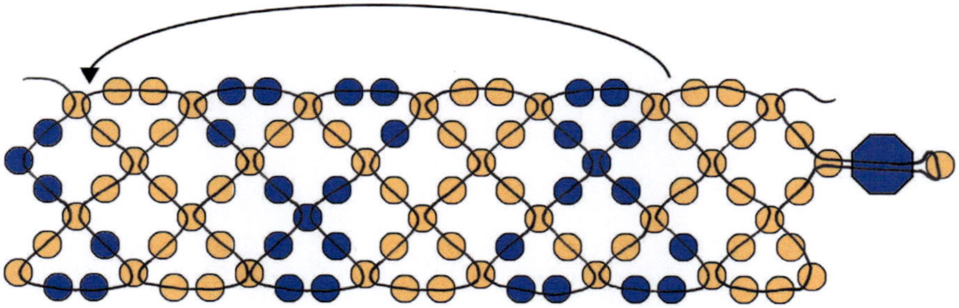

2

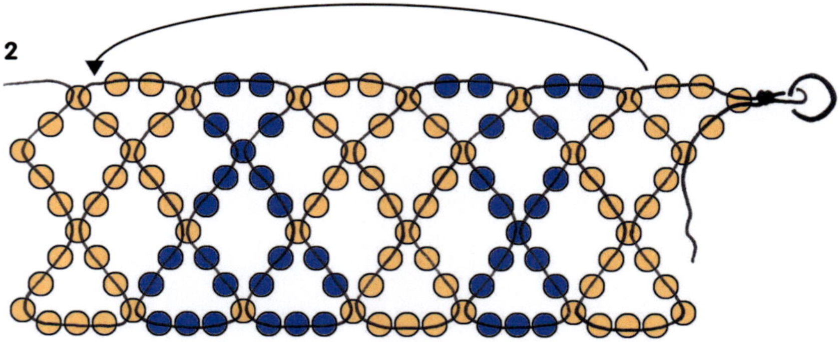

3

Material:
Perlen (2,5 mm) *transparent matt* in hellblau, blau und topas, Faden,
Karabiner mit Kettchen in silber

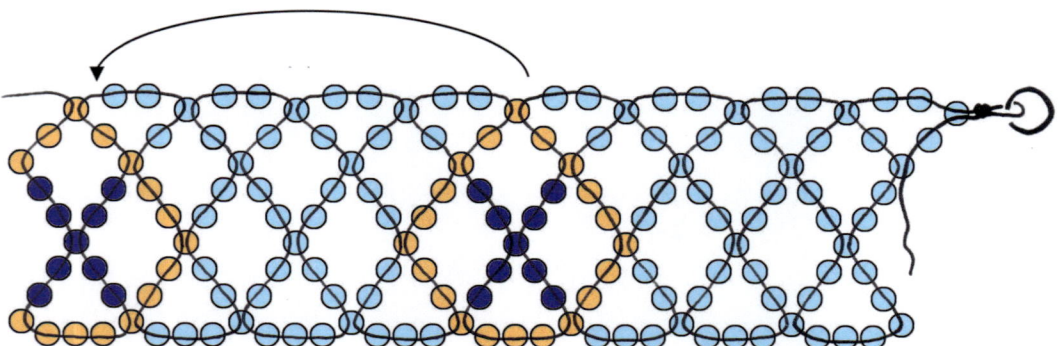

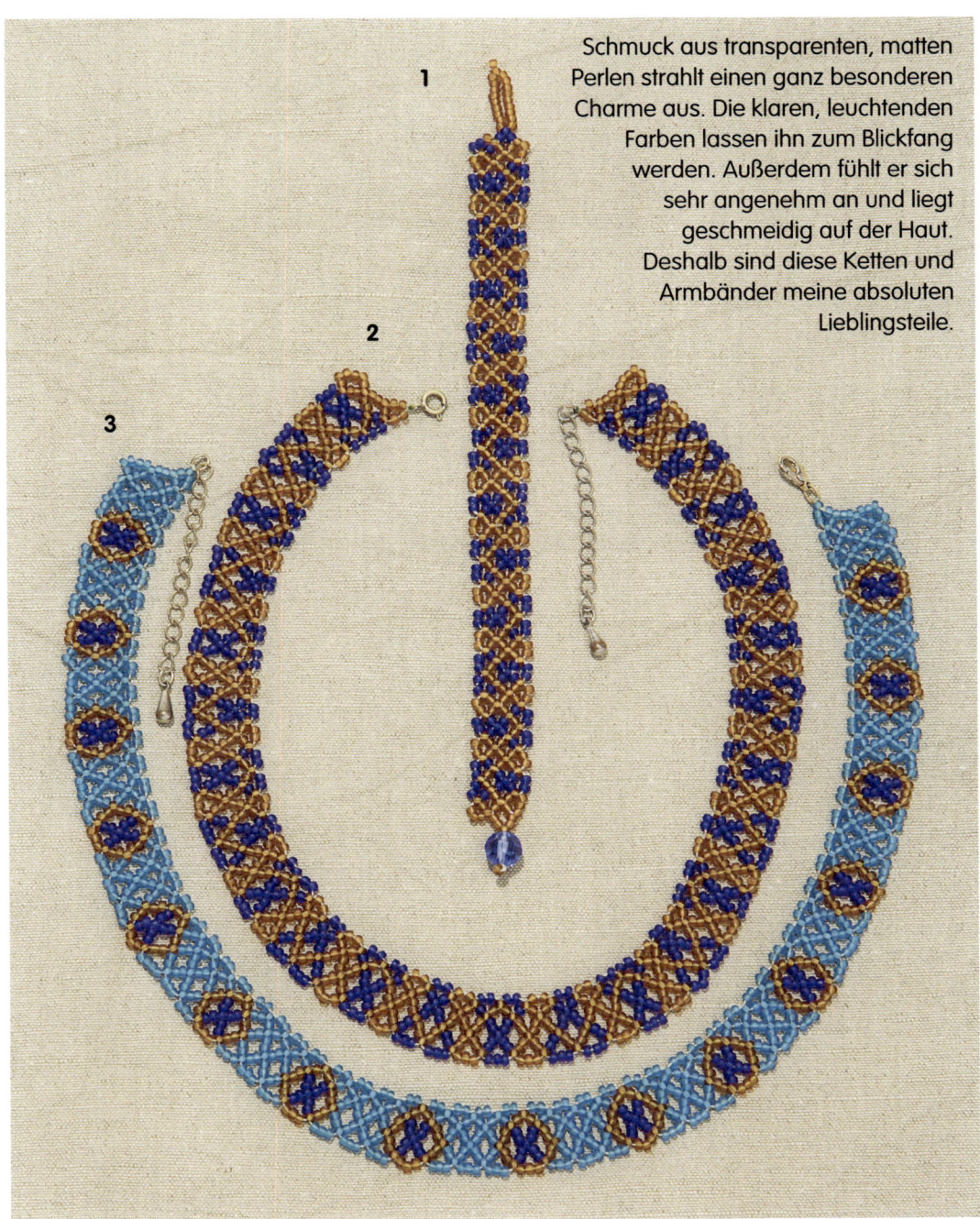

Schmuck aus transparenten, matten Perlen strahlt einen ganz besonderen Charme aus. Die klaren, leuchtenden Farben lassen ihn zum Blickfang werden. Außerdem fühlt er sich sehr angenehm an und liegt geschmeidig auf der Haut. Deshalb sind diese Ketten und Armbänder meine absoluten Lieblingsteile.

Noch mehr Lieblingsschmuck

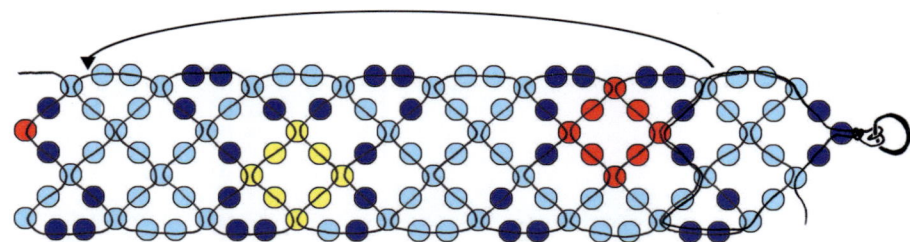

1+2
Material:
Perlen (2,5 mm) *transparent matt* in blau, hellblau, rot und gelb, Faden, Federring bzw. Karabiner und Kettchen in silber

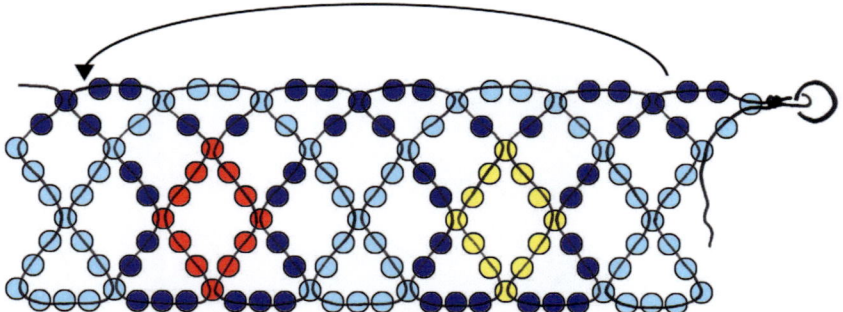

3
Material:
Perlen (2,5 mm) *transparent matt* in grün, topas und mais, Faden, Karabiner und Kettchen in gold

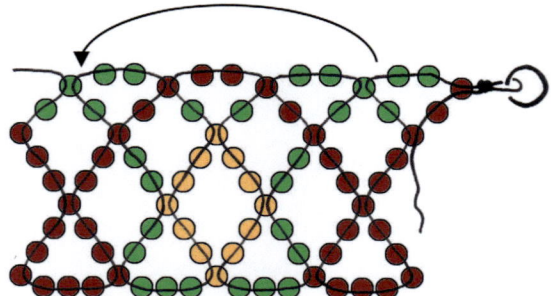

4
Material:
Perlen (2,5 mm) *transparent matt rainbow* in grün, Perlen (2,5 mm) *perlmutt* in rotgold, Faden, Karabiner und Kettchen in gold

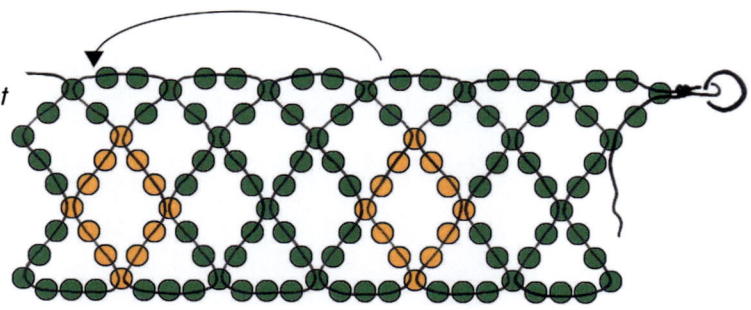

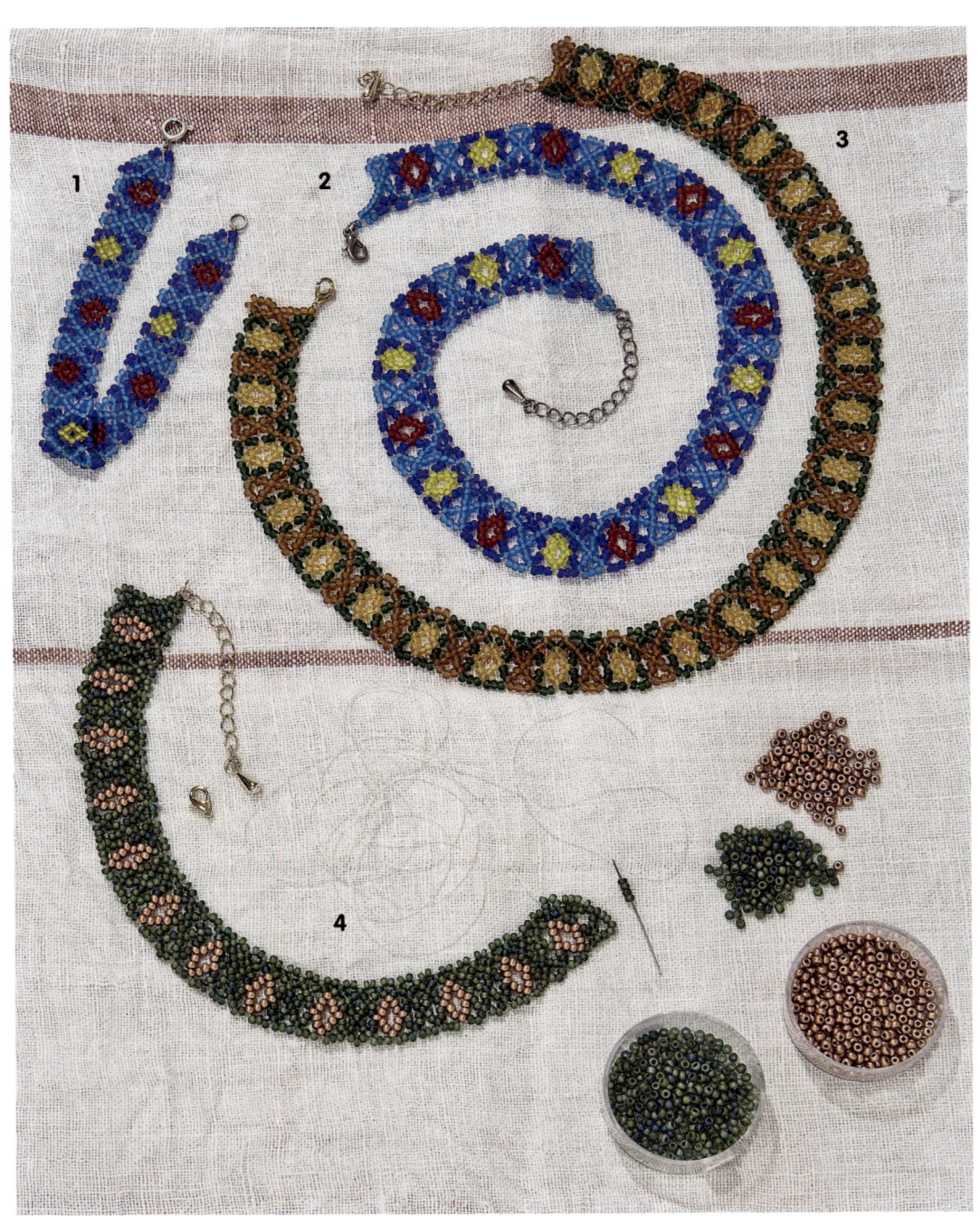

Grüße aus der klassischen Antike

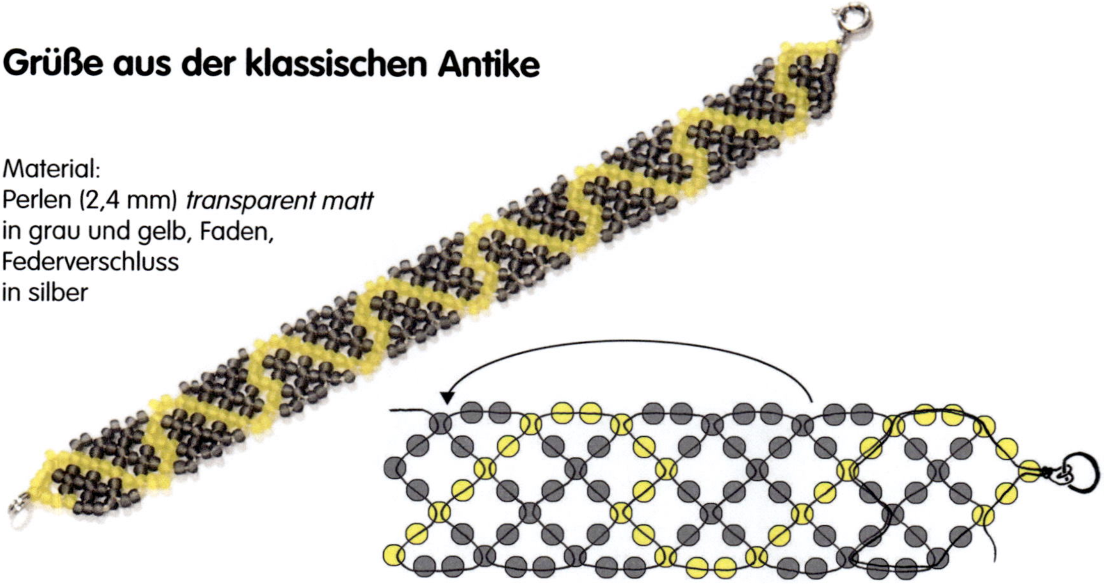

Material:
Perlen (2,4 mm) *transparent matt*
in grau und gelb, Faden,
Federverschluss
in silber

Material:
Perlen (2,4 mm) trans*parent matt*
in mais und blau, Faden,
blaue Glasschliffperle (8 mm)
als Verschluss

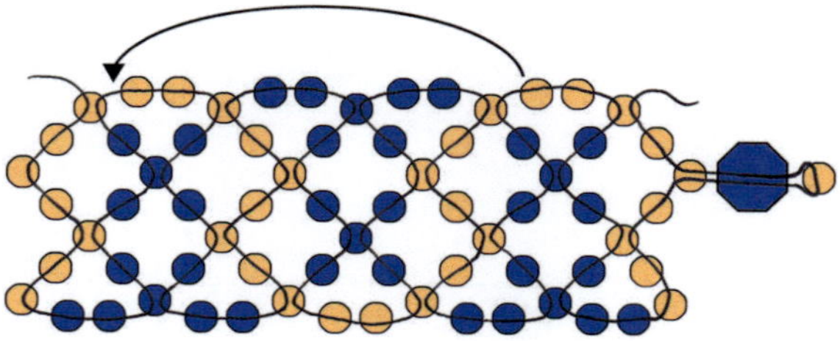

Material:
Perlen (2,4 mm) trans*parent matt*
in grün und gelb, Faden,
grüne Glasschliffperle (8 mm)
als Verschluss

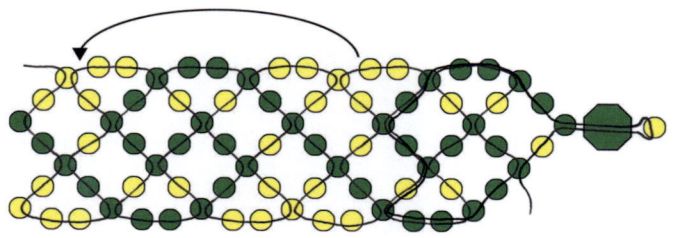

Orange und Lila - ein pfiffiges Paar

Material:
Perlen (2,4 mm) *transparent*
in lila und orange, Faden,
Verschlüsse in gold

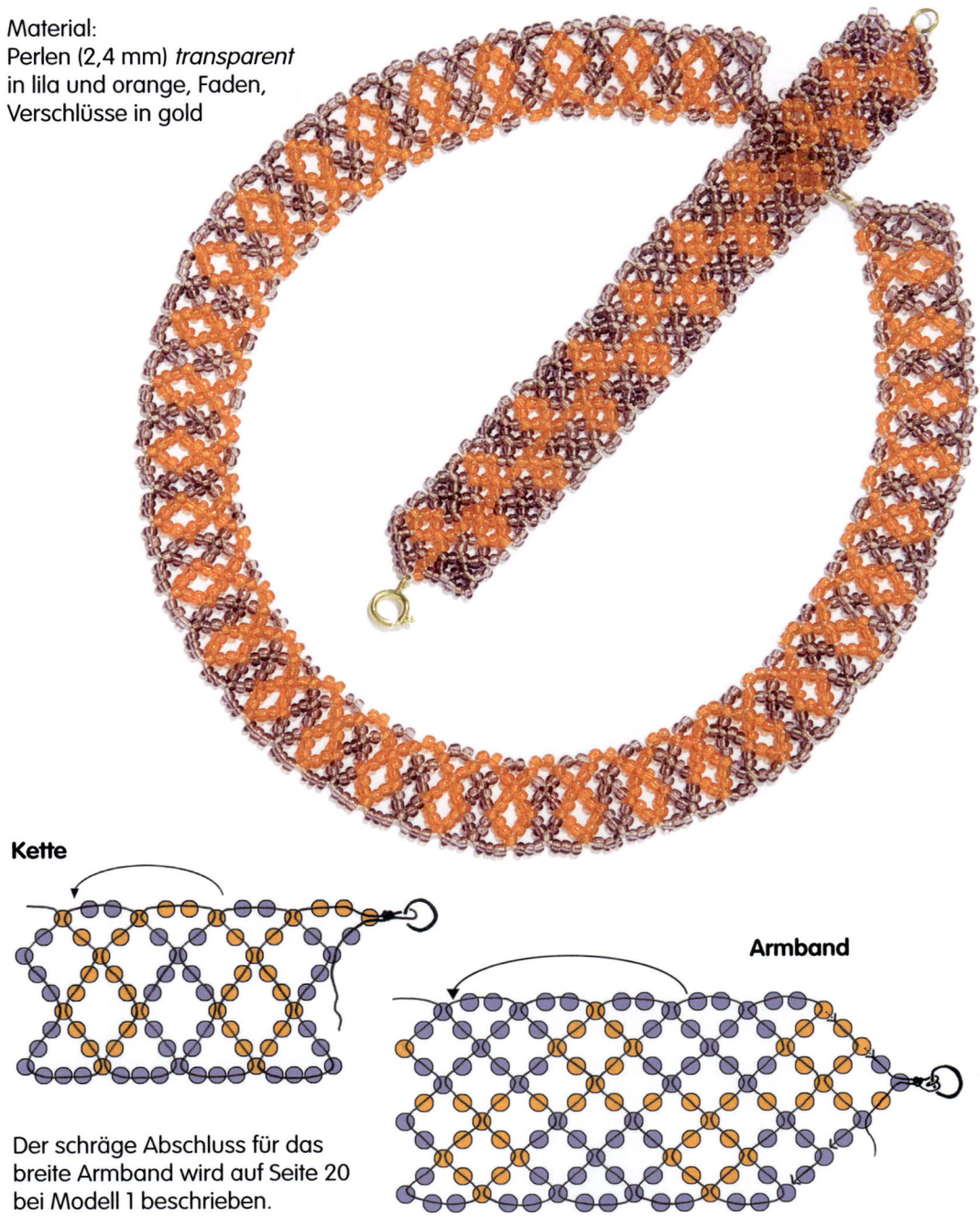

Kette

Armband

Der schräge Abschluss für das
breite Armband wird auf Seite 20
bei Modell 1 beschrieben.

Die Juwelen aus dem Zwergenschatz

Dieses Collier entstand an langen Winterabenden, während ich Tolkiens „Der kleine Hobbit" als Hörbuch hörte. Kreative Entspannung pur!
Die Kette besteht aus sogenannten „cut"-Perlen, die einen sechseckigen Grundriss haben. Zum Schmuckstück zusammengefügt, ergeben sich Hunderte kleiner Facetten, die das Licht reflektieren und einen ungewöhnlichen Glanz ausstrahlen.
Die Fädelei erfordert einiges an Ausdauer. Sie ist die größte in diesem Buch vorgestellte Arbeit. Zudem ist zu beachten, dass bei diesen Perlen der Faden nach der Kreuzung jeweils über eine vergleichsweise scharfe Kante läuft, so dass es sich nicht empfiehlt, ständig mit der Kette herumzuspielen. Dadurch würde der Faden durchscheuern und reißen.
Ich habe mein Hobbit-Collier mit hellblauem Knopflochgarn gefädelt, empfehle für das Nacharbeiten jedoch naturfarbenes Spitzenhäkelgarn. Die verwendeten Perlen sind in Durchmesser und Länge je 2 mm groß, *transparent mit Silbereinzug* in blau und *opak* kupferfarben.

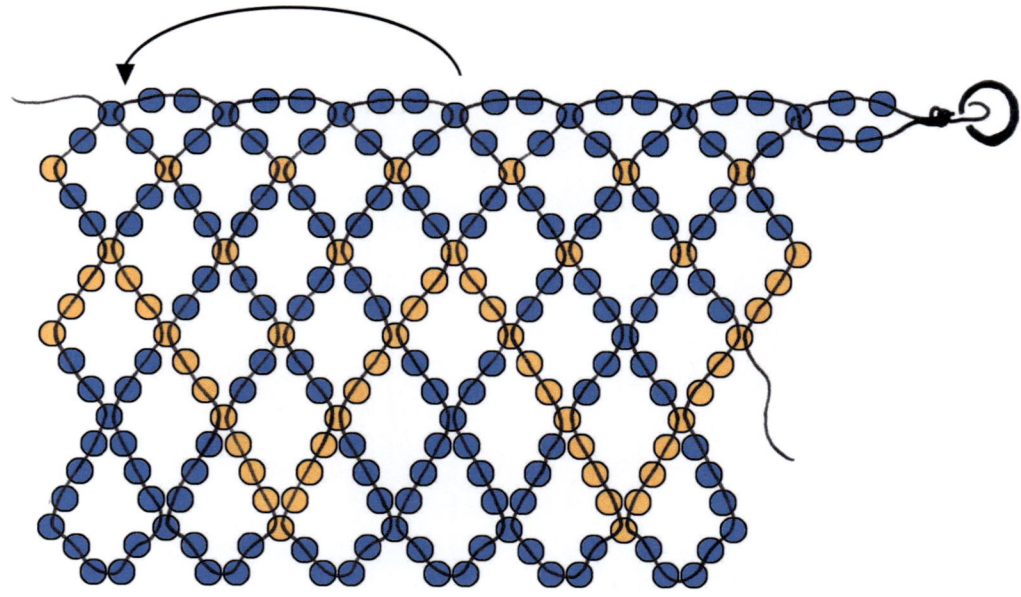

Um mehrmaliges Anstückeln des Fadens zu vermeiden, kann das Collier in zwei Hälften gearbeitet werden: Stellen Sie sich die Kette auf dem Foto als Zifferblatt einer Uhr vor. Fädeln Sie nunächst sozusagen von der 3 ausgehend mit dem einen Fadenende bis zur 12 und mit dem anderen bis zur 6. Beginnen Sie dann ein neues Stück bei der 9 und arbeiten wieder in zwei Schritten bis zur 12 und zur 6. Lassen Sie die Fädelei bei der 6 jeweils eine Reihe vor der gleichen Stelle im Fädelschema – etwa an einer nach unten weisenden Zacke – enden. Um die beiden Teile zusammenzufügen, wird für die letzte Reihe jeder Hälfte die selbe Kreuzungsperle verwendet. Fadenenden gut verknoten und vernähen!

Fische (Foto Seite 5)

Material:
Perlen (ca. 2,2 mm) *opak* in hellblau, dunkelblau und schwarz,
Faden, blaue Glasschliffperle (8 mm) als Verschluss

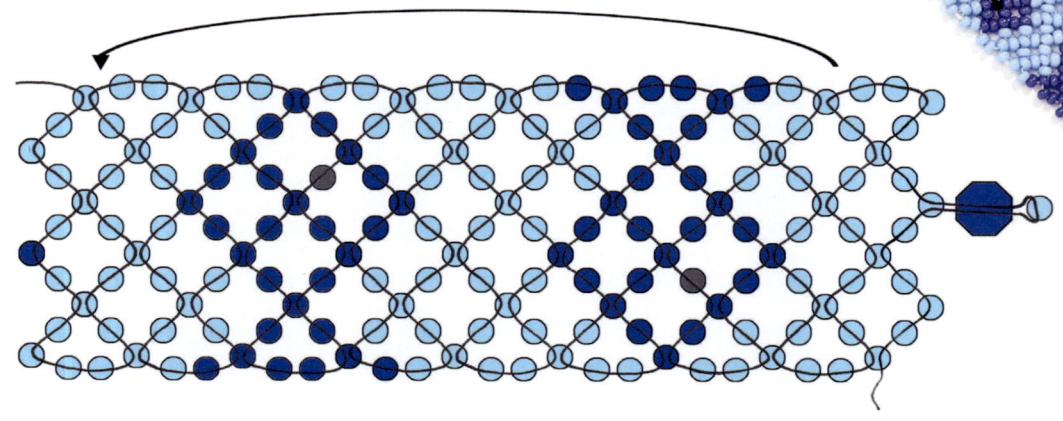

Tipp: Armbanduhr

Armbänder lassen sich ganz einfach als Uhrbänder gestalten, wenn sie entsprechend kürzer gefädelt und an jedem Ende mit einem Karabiner versehen werden. Uhren mit Ösen gibt es in der Schmuckabteilung gut sortierter Bastelgeschäfte. Als Gegenstück zu den Karabinern werden in die Ösen Zwischenringe eingehängt.

Fädeln Sie sich verschiedenfarbige Bänder, dann haben sie zu jedem Outfit die passende Uhr!

Die abgebildeten Uhrbänder sind nach der Anleitung auf Seite 36 gearbeitet. Bei der blauen Variante wurden an Stelle der üblichen 4 mm-Perlen 6 mm große Glasschliffperlen verwendet.

Leervorlagen für eigene Entwürfe

Schmales Armband, Beispiel siehe Seite 25

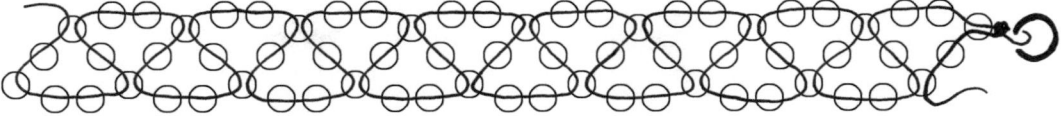

Armband, Beispiel siehe Seite 17

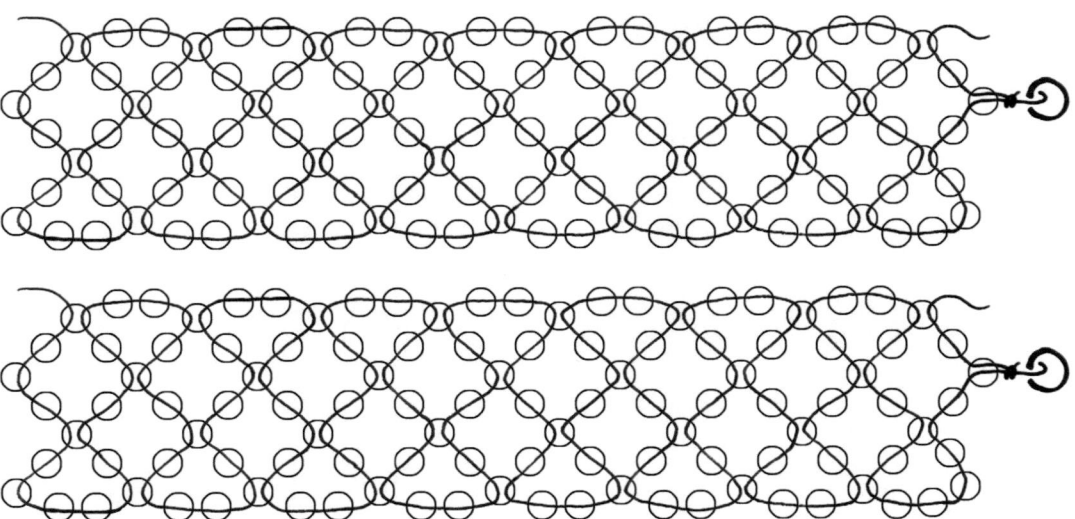

Breites Armband, Beispiel siehe Seite 21

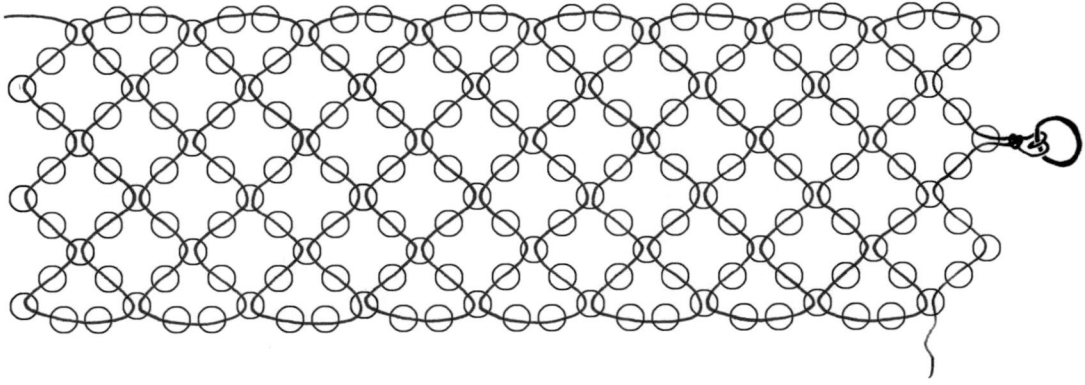

Armband mit großen und kleinen Perlen, Beispiel siehe Seite 29

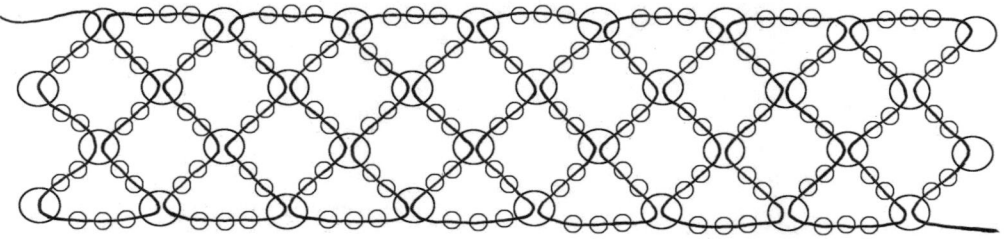

Kette, Beispiel siehe Seite 45

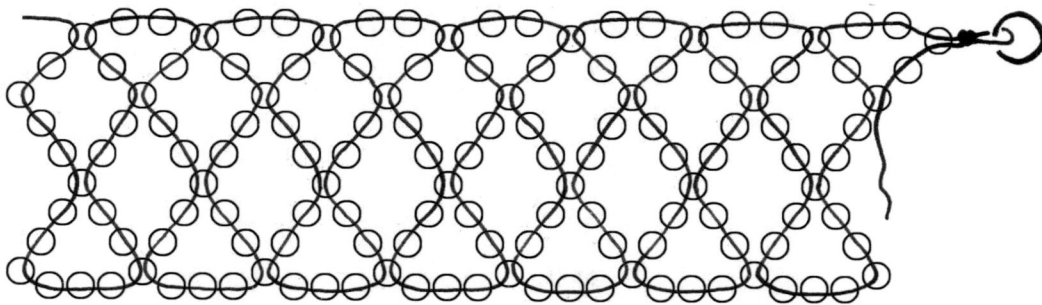

Collier, Beispiel siehe Seite 49

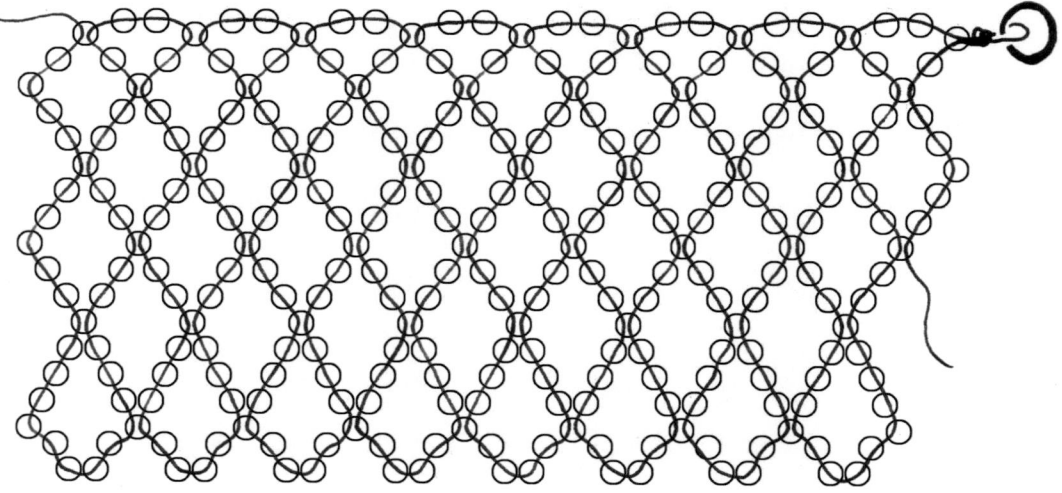